비욘드 더 리프 미니백

손쉽게 완성하는 감각적인 손뜨개 가방

BEYOND THE REEF

비욘드 더 리프 지음 · 김한나 옮김

Message

안녕하세요. BEYOND THE REEF입니다.
독자 여러분의 성원에 힘입어 세 번째 책을 선보입니다.

앞서 출간된 두 권보다 더 쉽고 즐겁게 뜰 수 있게
다양한 '미니백'을 디자인했습니다.

뜨개질에 도전해보고 싶은 마음이 있는 분에게
딱 어울리는 책일 거예요.

뜨개에 패셔너블한 감각을 녹여
직접 떠보고 싶고 들고 다니고 싶어지는
작은 핸드메이드 가방을 소개합니다.

이 책과 함께 뜨개질하며
마음 풍요로운 시간을 보내세요.

Contents

No. 1	Paperbag	페이퍼백	p. 6
No. 2	Pino Arte	피노 아르테	p. 8
No. 3	Caramel	캐러멜	p.10
No. 4	Kau	카우	p. 12
No. 5	Volny	볼니	p. 14
No. 6	Ballerina, Petite Ballerina	발레리나, 프티 발레리나	p. 16
No. 7	Tangle	탱글	p. 18
No. 8	Capillus	카필러스	p. 20
No. 9	Comodo	코모도	p. 22
No. 10	Armilla, Armilla Petite	아밀라, 아밀라 프티	p. 24
No. 11	Merenda	메렌다	p. 26
No. 12	Rantan	란탄	p. 28
No. 13	Bera	베라	p. 30
No. 14	Liberta	리베르타	p. 32
No. 15	Satis	사티스	p. 34
No. 16	Droit	드루아	p. 36
No. 17	Merveille	메르베유	p. 38
No. 18	Cuore / N-frame	쿠오레 / 엔프레임	p. 40
	Point Lesson	포인트 레슨	p. 42
	About Yarn	실에 대하여	p. 48
	How to Make	뜨는 방법, 만드는 방법	p. 49
	Basic Technique Guide	뜨개의 기초	p. 90

※이 책에 실린 작품을 복제해서 판매하는 행위는 금지되어 있습니다.
홈메이드를 즐기는 목적으로만 이용해주세요.

No.　see : p. 50

1　Paperbag

yarn : 다루마 사사와시 플랫

made by : 나카지마 나쓰키

페이퍼백 / 영화에 등장할 것만 같은 외국 마트의 갈색 종이봉투를 이미지화한 '페이퍼백'입니다. 봉투 입구의 톱니처럼 삐죽삐죽한 부분을 최대한 생생하게 재현했습니다. 가방을 연 채로도 사용하고 접어서도 사용할 수 있게 D링을 두 군데에 달았습니다. 사코슈나 웨이스트백으로 만들어도 귀여워요.

No.   see : p. 52
2   Pino Arte

yarn : 메르헨아트 마닐라헴프사
made by : 가쓰마타 미쓰요

피노 아르테 / 처음 출간된 《비욘드 더 리프 스타일》에서 가장 사랑받은 작품 중 하나인 '피노'를 좀 더 성숙하고 세련되어 보이도록 원핸들 백으로 새롭게 디자인했습니다. 짧은 고리에 긴 손잡이를 끼워 넣으면 가방에 입체감이 살아나서 매력적인 모양이 나타납니다.

No. see : p. 54
3 Caramel

yarn : 하마나카 엠퍼러
made by : 이가라시 유키

캐러멜 / '캐러멜'은 가방이라기보다 액세서리 같은 초미니백이에요. 사탕이나 립스틱만 넣고 사선으로 걸쳐서 옷차림에 포인트를 줄 때 활용해보세요. 손잡이 링도 특별히 전체를 감싸 뜨면 훨씬 더 멋있게 완성됩니다. 거의 짧은뜨기만 해서 만들 수 있으니 뜨개질 초보자도 꼭 한 번 도전해보세요.

No. see : p. 56
4 Kau

yarn : 메르헨아트 마닐라헴프사 스테인 시리즈, 스키얀 루비 에코퍼

made by : 이시이 나나

카우 / '카우'는 하와이어로 계절을 뜻하는 단어입니다. 하와이는 계절이 두 개뿐이라 5월부터 10월까지인 여름을 카우라고 해요. 퍼얀과 여름실 콤비는 계절에 상관없이 원하는 대로 들고 다니기를 바라는 마음에서 조합해보았습니다. 어느 한쪽만 들어도 예뻐요.

No. see : p. 58
5 Volny

yarn : 메르헨아트 마닐라헴프사

made by : 이케타니 미나코, 아베 미나코

볼니 / '볼니'는 심플한 짧은뜨기 본체에 팔랑팔랑 부피감 있는 프릴 손잡이를 조합한 가방이에요. 기본적인 색을 단색으로 떠서 귀여운 느낌을 눌러주고 성인 여성이 들고 다닐 수 있는 디자인으로 완성했습니다. 링 핸들을 돌려서 프릴을 한쪽으로 모으거나 좌우로 나눠서 들고 다닐 수 있어요.

No.	see : p. 60, 62
6	Ballerina, Petite Ballerina

16

yarn : 퍼피 리피
made by : 쓰마카와 카나

발레리나, 프티 발레리나 / 마치 튀튀를 입은 발레리나 같은 모양이에요. 과감하고 입체적인 프릴을 코바늘뜨기로 재현해서 이름도 '발레리나'랍니다. 핸드백과 포셰트, 두 가지 크기로 만들었습니다.

No. see : p. 64
7 Tangle

yarn : 다루마 사사와시

made by : 가타야 유미

탱글 / 색을 달리해 여러 개를 뜨고 싶어지는 심플한 포셰트 '탱글'은 손잡이와 스트랩에 포인트컬러를 넣어 눈길을 끕니다. 네모반듯한 직사각형으로 뜨도록 주의해서 가장자리의 라인을 확실히 돋보이게 하면 윤곽이 뚜렷해져서 더욱 아름답습니다. 엄마와 딸이 함께 들고 다녀도 멋질 거예요. 좋아하는 색으로 꼭 한번 떠보세요.

No.   see : p. 66
8   Capillus

yarn : 메르헨아트 마닐라헴프사
made by : 가미우메자와 히로코

카필러스 / 가느다란 알루미늄 프레임을 이용한 '카필러스'는 기다란 프린지를 달아 여름다운 가볍고 유쾌한 느낌을 표현했습니다. 손잡이 부분은 다른 색을 사용해서 테두리를 장식하거나 스티커와 와펜을 달아서 재미를 주는 등 다양한 방식으로 자유롭게 즐겨보세요.

No. see : p. 69
9   Comodo

yarn : 다루마 사사와시 플랫
made by : 아베 미나코

코모도 / '코모도'는 실제로 BEYOND THE REEF의 상품으로도 판매 중인 슬링백을 좀 더 쉽게 만들 수 있도록 응용한 가방입니다. 퍼와 와펜, 이니셜 핀 등 좋아하는 장식을 달아서 연출하면 자신만의 개성 넘치는 가방으로 변신합니다. 스트랩의 길이도 조절할 수 있어요.

No. see : p. 72
10   Armilla, Armilla Petite

yarn : 하마나카 에코안다리아
made by : 도리코시 교코

아밀라, 아밀라 프티 / '아밀라'는 라틴어로 팔찌를 의미합니다. 과감하게 큼직한 손잡이를 뱅글이라고 간주해서 작은 본체도 액세서리 감각으로 디자인했습니다. 그래서 손에 들기보다 팔에 끼워서 들고 다니는 게 확실히 멋있어요!

No. see : p. 76
11 Merenda

yarn : 퍼피 리피,
다루마 사사와시 플랫,
메르헨아트 이토모

made by : 구보 아케미

메렌다 / 섬세한 짧은뜨기 본체에 폭신폭신한 메리야스뜨기 장식을 달았습니다. '메렌다'는 서로 다른 느낌을 주는 뜨개바탕을 조합한 파우치백입니다. 코바늘뜨기와 대바늘뜨기를 둘 다 즐길 수 있다는 점도 커다란 매력 중 하나랍니다. D링을 세 군데에 달아서 가로 방향으로도 세로 방향으로도 들 수 있어요.

No. see : p. 78
12 Rantan

yarn : 하마나카 루나몰
made by : 미우라 아쓰코

란탄 / 초롱 같은 모양의 '란탄'은 실제로 BEYOND THE REEF에서 판매 중인 상품을 응용했습니다. 벨루어 질감으로 만들어지는 몸안을 대바늘로 떠서 긴 프린지를 만들면 완성입니다.

No. see : p. 75
13 Bera

yarn : 하마나카 에코안다리아

made by : 하라 유미

베라 / 기본적인 스타일의 스마트폰 포셰트를 이번에는 조금 큼직하고 사용하기 편한 크기로 만들었습니다. 코디를 방해하지 않는 심플하고 세련된 디자인이라 팔찌 가방 '아밀라'와 함께 드는 것도 추천해요. 눈에 띄게 단 커다란 D링도 디자인 포인트입니다.

No. see : p. 80
14　Liberta

yarn : 다루마 사사와시
made by : 오시야마 유미

리베르타 / '리베르타'는 링백에서 원핸들 백으로 모양을 바꿔서 투웨이로 들고 다닐 수 있는 가방입니다. 뜨개질하는 즐거움과 들고 다니는 기쁨을 동시에 누릴 수 있는 BEYOND THE REEF만의 작품입니다. 취향에 따라 스트랩을 달면 세 가지 방식으로 들 수도 있습니다. 가방 모양도 바꿀 수 있어서 여러 가지 재미를 느낄 수 있어요.

No. see : p. 82
15 Satis

yarn : 메르헨아트 마닐라헴프사,
다루마 루프(흰색)
/ 하마나카 루나몰(차콜)

made by : 아베 미나코

사티스 / '사티스'는 털실과 마 소재 헴프사를 조합하거나 벨루어와 같은 몰얀으로 뜨는 튼튼하고 세련된 가을·겨울용 가방이에요. 편한 복장을 한 날에 들고 싶은 작고 동글동글한 가방은 스트랩을 달면 모양이 달라져서 숄더백으로 변신합니다! 지퍼와 잠금장식을 잘 사용해서 완성도 높게 마무리해보세요. 특히 흰색 가방은 여름실과 겨울실을 겹쳐서 뜨기 때문에 소재의 차이를 즐기며 뜰 수 있어요. 다만 뜨개코가 잘 보이지 않으니, 코를 빠뜨리거나 실 한 가닥으로 뜨는 실수를 하지 않도록 주의하세요.

No. see : p. 84
16　Droit

yarn : 다루마 수방적풍 탬사

made by : 아베 미나코

드루아 / BEYOND THE REEF가 제안하는 모헤어처럼 푹신푹신한 빨간색 기모 스웨터입니다. 낙낙한 벌룬 슬리브와 보트넥은 어디에서도 찾아볼 수 없는 독창적인 스타일이에요. 오로지 메리야스뜨기로 쭉 뜨기만 하면 되어 매우 간단합니다. 뜨개질 초보자도 꼭 한번 도전해보세요. 실의 특징 덕분에 뜨개코가 고르지 않아도 눈에 띄지 않아요. 자신만의 개성 있는 질감을 표현하며 즐기기 바랍니다.

No. see : p. 86
17　Merveille

yarn : 퍼피 유리카 모헤어
made by : 요시다 미에

메르베유 / 매우 독특한 모양의 '입는 숄'입니다. 원통 모양으로 고무뜨기한 허리 부분에 몸을 넣어 숄 부분을 휙 두르는 느낌이에요. 회색의 진하고 연한 정도에 따라 이중으로 뜰 수 있어서 아주 따뜻하고 양면으로도 사용할 수 있습니다. 무심하게 메리야스뜨기만 계속해보세요!

No.	see : p. 88	yarn : 메르헨아트 마닐라헴프사
18	Cuore / N-frame	made by : 사토 마리코

쿠오레(정사각형), **엔프레임**(직사각형) / 자연스러운 헴프사로 만든 쿠션커버. 둘 다 BEYOND THE REEF의 가방과 똑같은 뜨개 무늬입니다. 지퍼로 여닫으며, 프린지는 취향에 따라 달아도 되고 달지 않아도 상관없어요. 거실이나 테라스 등 여러분이 좋아하는 공간을 꾸며보세요. 집에서 보내는 시간이 더 좋아질 거예요.

Point Lesson

아일렛 다는 방법

왼쪽부터 아일렛(앞면, 뒷면), 몰드(받침쇠, 누름쇠), 타구, 고무판, 나무망치.

다리가 달린 아일렛(앞면)을 겉쪽에서 끼웁니다.

뒷면을 덮습니다.

고무판을 깔고 몰드(받침쇠) 위에 세팅합니다.

누름쇠를 안쪽에 올려서 끼웁니다.

타구를 똑바로 대고 나무망치로 칩니다. 비뚤어지지 않도록 단단히 치세요.

자석단추 다는 방법

돗바늘에 실을 꿰어 뜨개바탕 안쪽의 단추 다는 위치에 실을 통과시킵니다. (실제로는 작품에 사용한 실을 사용한다)

같은 곳에 다시 한번 실을 감아서 실끝을 고정합니다. (시침핀은 단추 다는 위치를 표시한다)

실끝을 고정하고 나면 자석단추를 꿰매 답니다.

뜨개바탕은 안쪽의 실만 떠서 겉쪽에 표시가 나지 않도록 꿰매세요.

단춧구멍을 한 군데씩 꿰매 고정합니다.

튼튼하게 꿰매 고정하고 나면 단추 안쪽의 뜨개바탕에 바늘을 여러 번 통과시킨 뒤 실을 잘라냅니다.

트위스트 잠금장식 다는 방법

1
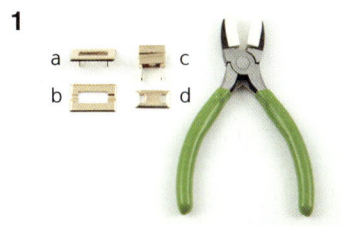
가방 덮개 쪽 부품 a, b와 본체 쪽 부품 c, d, 그리고 실리콘이 달린 펜치를 준비합니다

2

본체와 벨트를 뜬 후 잠금장식을 다는 위치에 표시를 합니다.

3
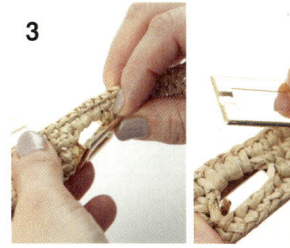
벨트에 뚫은 구멍 겉쪽에서 덮개 쪽 부품 a의 다리를 끼워 넣고 안쪽에 b를 대서 다리가 홈에 딱 들어가게 맞춥니다.

4

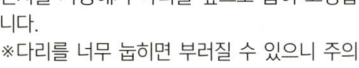
펜치를 사용해서 다리를 옆으로 눕혀 고정합니다.
※다리를 너무 눕히면 부러질 수 있으니 주의한다.

5

본체 쪽의 잠금장식 다는 위치에 본체 쪽 부품 c를 끼워 넣고 안쪽에 d를 맞춥니다.

6

다리를 안쪽으로 꺾으면 잠금장식 달기 완성.

철사 프레임을 감싸 뜨는 방법

1
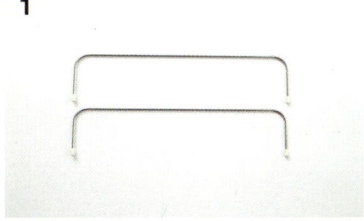
철사 프레임을 준비합니다. 먼저 양끝에 달린 고무를 떼어냅니다.

2

모서리부터 뜹니다. 실을 모서리에 통과시킨 후 철사 프레임을 맞추고 프레임의 앞쪽에서 같은 코에 코바늘을 넣습니다.

3

바늘에 실을 걸어 철사 프레임의 앞쪽으로 빼서 짧은뜨기합니다.

4
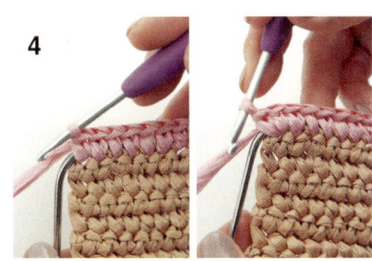
다음 모서리까지 1코에 1코씩 철사 프레임을 감싸 뜨며 짧은뜨기합니다. 가장자리의 코에는 1코 더 짧은뜨기합니다.

5

단 부분은 가장자리의 실 두 가닥을 주워서 철사 프레임을 감싸 뜨며 짧은뜨기합니다.

6
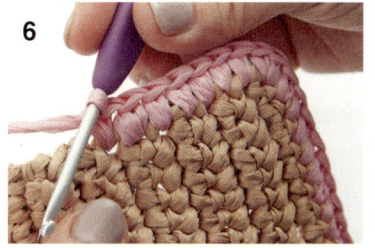
철사 프레임이 보이지 않게 감싸 뜬 모습입니다. 반대쪽도 같은 방법으로 감싸 뜹니다.
※뜨는 코가 느슨해지기 쉬우므로 신경 써서 빡빡하게 뜬다.

Point Lesson

D링 다는 방법

D링 다는 위치에 표시를 하고, D링을 고정하기 위한 실을 꿴 돗바늘을 오른쪽 가장자리 안쪽에서 바깥쪽으로 빼냅니다. (실제로는 작품에 사용한 실을 사용한다)

바늘을 D링에 통과시킨 후 바늘을 빼낸 부분 옆으로 바늘을 넣어 1코만큼 뒤쪽에서 바늘 끝을 뺍니다.

실을 바늘에 겁니다.

바늘을 빼냅니다.

2~4를 반복합니다.

블랭킷스티치를 하는 요령으로 D링을 단 모습입니다.

지퍼 다는 방법

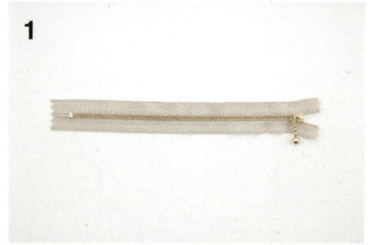

지정한 길이의 지퍼를 준비합니다.

지퍼의 끝부분을 안쪽으로 45도씩 두 번 접어 꿰매서 고정합니다.

다 꿰맨 모습입니다. (실제로는 눈에 띄지 않는 색상의 실을 사용한다)

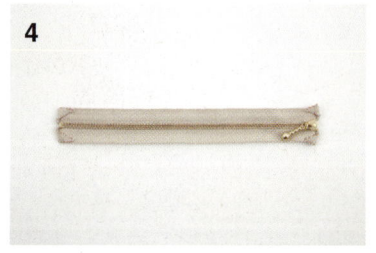

4군데 모두 가장자리를 꿰매서 고정한 모습.

지퍼를 입구 가장자리에 맞춰서 임시로 고정합니다. 지퍼 이빨만 보이게 맞춥니다. 소잉 클립을 사용하면 편리합니다.

반박음질합니다. 한 땀을 뜨고 나면 바늘을 빼서,

바늘 한 땀의 반만큼 되돌아가 바늘을 넣습니다.

반박음질이 완성되었습니다.

지퍼 가장자리는 홈질해서 고정합니다.

겉쪽에서 보이지 않게 뜨개바탕의 안을 통과시키듯이 꿰맵니다.

옆선 부분은 2cm 정도 남겨놓습니다.

반대쪽은 45도로 꺾은 부분을 뜨개바탕에 꿰매서 고정합니다.

옷을 뜨는 방법 (대바늘뜨기)
실을 세로로 걸치는 줄무늬뜨기 방법

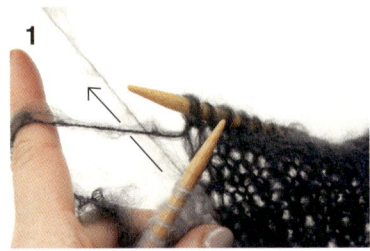
겉쪽에서 본 단입니다. 줄무늬의 경계까지 뜨고, 다음 실을 뜨던 실의 아래쪽에 걸칩니다.

그 상태로 다음 실로 바꿔 잡아서 뜨던 실과 교차시킵니다.

다음 색으로 겉뜨기합니다.

겉뜨기 2코를 뜬 모습.

안쪽에서 본 단입니다. 줄무늬의 경계까지 뜹니다.

다음 실과 뜨던 실을 교차시킵니다.

Point Lesson

다음 색 실로 안뜨기합니다.

줄무늬의 경계, 안쪽에서 본 모습.

겉쪽에서 본 모습.

뜨개코 모양의 덮어씌워 코막음

마지막 단의 코와 똑같은 코를 떠가며 덮어씌워 코막음합니다. 겉뜨기로 2코를 뜹니다.

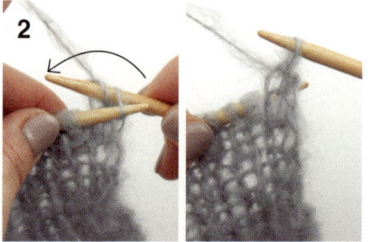
오른쪽 코를 왼쪽 코에 덮어씌웁니다. 1코를 코막음했습니다.

다음 코는 안뜨기로 뜹니다.

오른쪽 코를 왼쪽 코에 덮어씌웁니다.

마지막 단과 똑같은 코를 떠서 오른쪽 코를 덮어씌우는 과정을 반복합니다.

뜨개코 모양의 덮어씌워 코막음이 완성되었습니다.

실을 떠 올려서 잇기

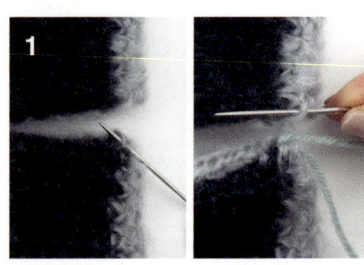
1코 안쪽의 걸친 실을 돗바늘로 앞쪽과 뒤쪽을 번갈아 가며 떠 올려서 잇습니다. (실제로는 똑같은 실을 사용한다)

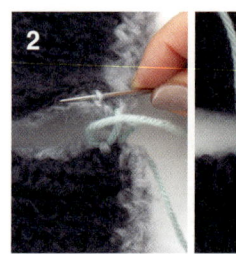
첫 번째 코와 두 번째 코 사이의 걸친 실을 떠 올립니다.

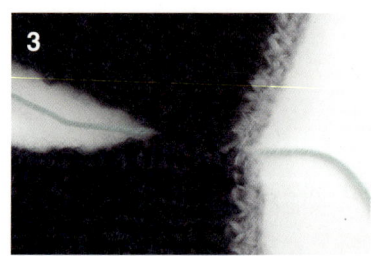
실은 1단마다 당겨가며 잇습니다.

목둘레의 코줍기

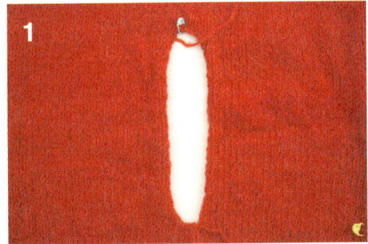
목둘레선에서 코를 주워 목둘레를 뜹니다.

감아코로 코를 늘린 부분에서 코를 줍습니다. 감아코의 실 2가닥을 떠 올려서 대바늘을 넣습니다.

실을 바늘에 걸어 빼내서 1코를 주운 모습. (실제로는 똑같은 실을 사용한다)

코를 늘린 위치에서 3코를 주웠습니다.

단 부분은 가장자리 1코 안쪽에 바늘을 넣고

실을 바늘에 걸어서 빼냅니다.

1단에서 1코를 줍습니다.

덮어씌워 코막음한 위치에서도 같은 방법으로 코를 줍습니다.

덮어씌워 코막음한 코 안에 바늘을 넣고

실을 걸어서 빼냅니다.

3코 코줍기가 완성되었습니다.

반대쪽 단 부분도 같은 방법으로 1단에서 1코를 줍습니다.

About Yarn 실에 대하여

이 책의 작품에 사용한 실의 종류입니다. (사진은 실물 크기)

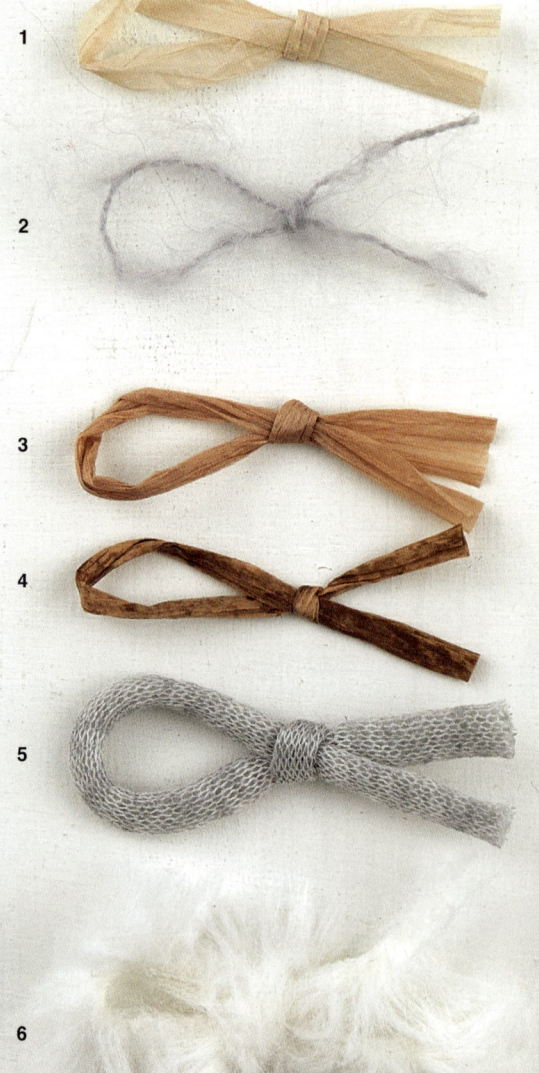

1 퍼피PUPPY 리피Leafy
분류 외 섬유(종이) 100% / 40g 1볼 170m

2 퍼피PUPPY 유리카 모헤어Julika Mohair
모헤어 86%(슈퍼키드 모헤어 100% 사용), 울 8%(엑스트라 파인 메리노 100% 사용), 나일론 6% / 40g 1볼 102m

3 메르헨아트 MARCHEN ART 마닐라헴프사Manila hemp yarn
식물섬유(마닐라삼) 100% / 20g 1볼 50m

4 메르헨아트 MARCHEN ART 마닐라헴프사 스테인Manila hemp yarn ~stain~
식물섬유(마닐라삼) 100% / 20g 1볼 50m

5 메르헨아트 MARCHEN ART 이토모 ~itomo~
면 51%, 폴리에스터 49% / 42g 1볼 30m

6 스키얀SKI YARN 루비 에코퍼Ruby eco fur
폴리에스터 100% / 100g 1볼 65m

7 다루마DARUMA 사사와시Sasawashi
분류 외 섬유(조릿대 화지) 100% (발수 가공) / 25g 1볼 48m

8 다루마DARUMA 사사와시 플랫Sasawashi flat
분류 외 섬유(조릿대 화지) 100% (발수 가공) / 25g 1볼 78m

9 다루마DARUMA 소프트 탬사Soff Tam Yarn
아크릴 54%, 나일론 31%, 울 15% / 30g 1볼 58m

10 다루마DARUMA 루프LOOP
울 83%, 알파카(베이비 알파카) 17% / 30g 1볼 43m

11 하마나카HAMANAKA 에코안다리아Eco andaria
레이온 100% / 40g 1볼 80m

12 하마나카HAMANAKA 엠퍼러Emperor
레이온 100%(슬릿사 사용) / 25g 1볼 170m

13 하마나카HAMANAKA 루나몰Luna mole
폴리에스터 100% / 50g 1볼 70m

* 실에 관한 문의처는 96쪽을 참조하세요.
* 실에 관한 정보는 2022년 7월 1일 기준입니다. 실은 예고 없이 변경, 단종될 수 있으니 양해 바랍니다.

How to Make
뜨는 방법, 만드는 방법

* 뜨개의 기초는 90쪽에서 소개하는 테크닉 가이드를 참조하세요.
* 그림 속 숫자의 단위는 ㎝입니다.
* 실의 사용량은 뜨는 사람의 손놀림에 따라 크게 달라질 수 있습니다. 염려될 경우에는 실을 넉넉하게 준비하는 것을 추천합니다.
* 작품 치수는 뜨는 사람의 손놀림에 따라 달라집니다. 치수대로 완성하고 싶은 경우에는 표시해 놓은 게이지에 맞춰서 바늘 호수를 바꿔 조정하세요. (완성된 뜨개바탕이 작을 경우에는 바늘 호수를 높이고 뜨개바탕이 클 경우에는 바늘 호수를 낮춘다)
* 사용된 실, 색상은 예고 없이 단종될 수 있으니 양해 바랍니다.

No. **see : p. 06**

1 **Paperbag**

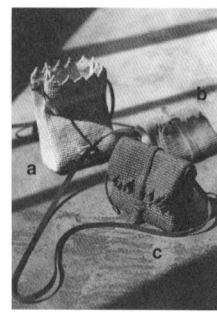

페이퍼백

재료와 도구

a / 다루마 사사와시 플랫 내추럴(101) 65g

b / 다루마 사사와시 플랫 라이트브라운(103) 65g

c / 다루마 사사와시 플랫 브라운(104) 65g

공통 / D링(18㎜, 골드) 4개, 쓰노다쇼텐 끈 마감장식(끝쇠)(10.5㎜×13㎜, 골드)(Y22G) 2개, 폭 1㎝의 납작한 가죽끈(갈색) 150㎝ 1줄, 코바늘 4/0호

완성 치수

폭 14㎝ 높이 21㎝(손잡이 미포함)

게이지

10㎝×10㎝ 짧은뜨기 23코×23단

뜨는 방법 포인트

- 바닥은 사슬 18코로 시작코를 만들고 짧은뜨기로 32단을 뜬다. 바닥에서 이어 옆면은 바닥 둘레에서 코를 주워 짧은뜨기로 43단을 뜨는데 이때 모서리가 느슨해지지 않게 주의해서 뜬다. 도안을 참조하여 테두리뜨기의 세모 부분을 4단씩 모양을 잡아가며 단단하게 뜬다.
- 벨트와 벨트 고리는 도안을 참조해서 각각 뜬다. 이를 지정한 위치에 꿰매 단다.
- D링은 지정한 위치에 꿰매 단다.
- 가죽끈의 양끝에 마감장식(끝쇠)을 단다.

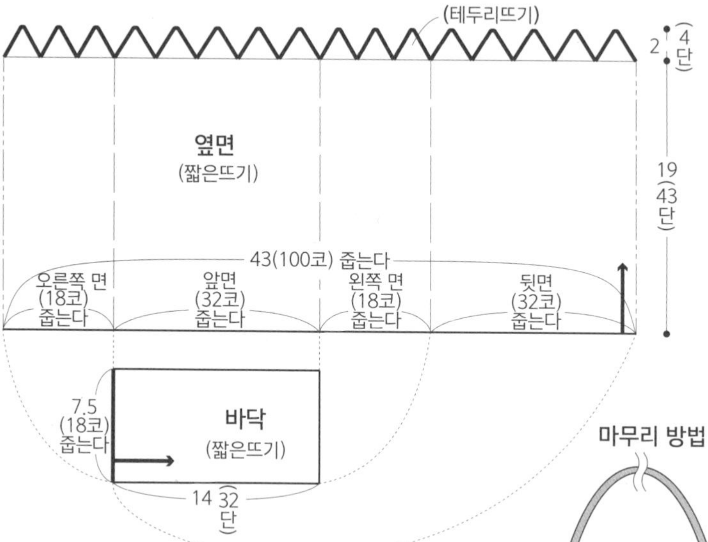

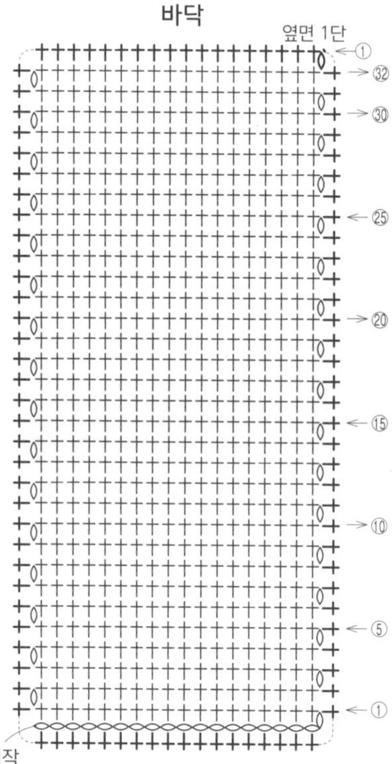

※전부 4/0호 코바늘로 뜬다

바닥

마무리 방법

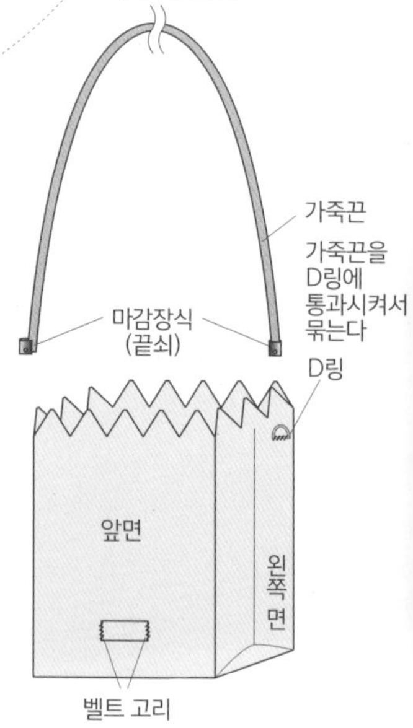

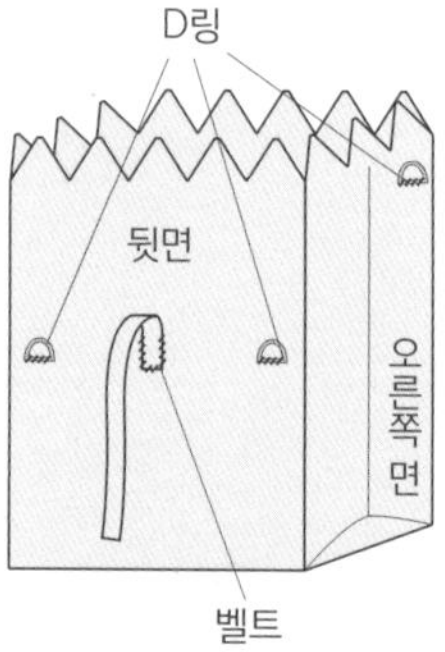

① 지정한 위치에 D링을 꿰매 단다(p. 44 참조)
② 벨트 고리는 지정한 위치에 양끝을 꿰매 단다
③ 벨트는 지정한 위치에 꿰매 단다
④ 가죽끈의 양끝에 마감장식(끝쇠)를 끼워서 단다

벨트 고리

(뜨기 시작 부분의 실을 30㎝ 정도 남겨놓았다가 그 실로 빼뜨기한다)

벨트

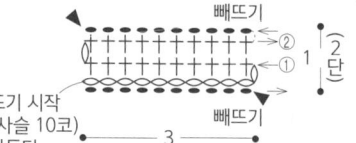

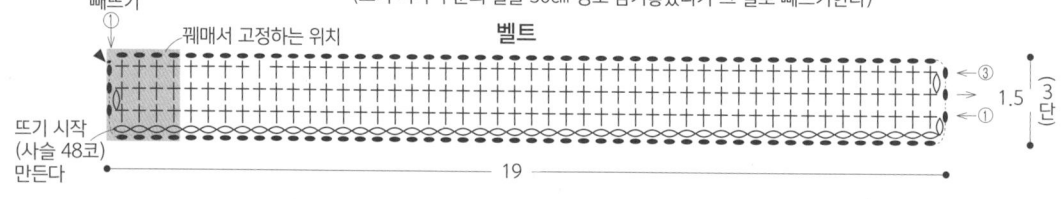

옆면

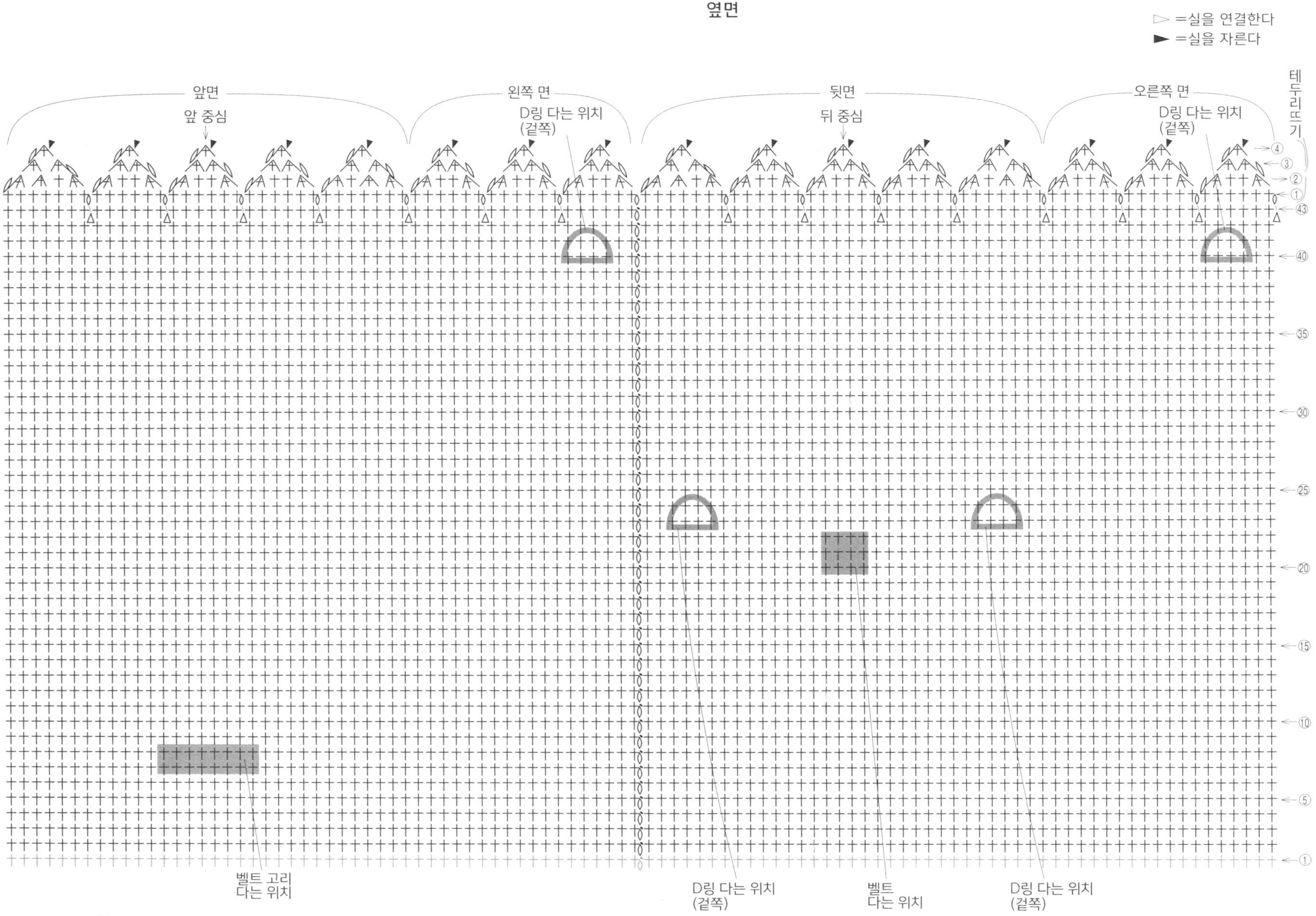
▷ =실을 연결한다
▶ =실을 자른다
테두리뜨기
앞면
앞 중심
왼쪽 면
D링 다는 위치 (겉쪽)
뒷면
뒤 중심
오른쪽 면
D링 다는 위치 (겉쪽)
④
③
②
①
43
40
35
30
25
20
15
10
5
1
벨트 고리 다는 위치
D링 다는 위치 (겉쪽)
벨트 다는 위치
D링 다는 위치 (겉쪽)

No. see : p. 08

2 Pino arte

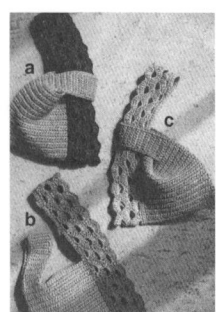

피노 아르테

재료와 도구
a / 메르헨아트 마닐라헴프사 스트로
(507) 50g, 블랙(510) 30g
b / 메르헨아트 마닐라헴프사 스트로
(507) 50g, 그레이(525) 30g
c / 메르헨아트 마닐라헴프사 스트로
(507) 50g, 덜핑크(491) 30g
공통 / 코바늘 5/0호, 6/0호

완성 치수
폭 22㎝ 높이 15.5㎝(손잡이 미포함)

게이지
10㎝×10㎝ 짧은뜨기 20코×18단

뜨는 방법 포인트
● 본체는 사슬 30코로 시작코를 만들고 사슬 둘레에서 코를 주워 짧은뜨기 왕복뜨기로 28단을 뜬다. 고리는 본체의 지정한 위치에 실을 연결하여 8코를 주워서 짧은뜨기 왕복뜨기로 40단을 뜬다.
● 손잡이는 사슬 120코 시작코를 원형으로 만든다. 도안을 참조하여 무늬뜨기로 7단을 뜬다.
● 마무리 방법을 참조해서 각 부분을 하나로 합친다.

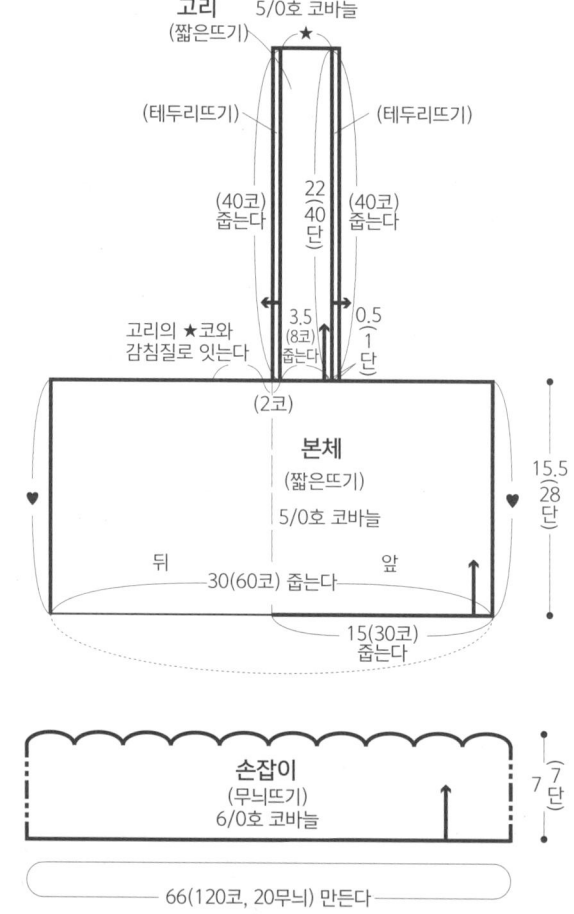

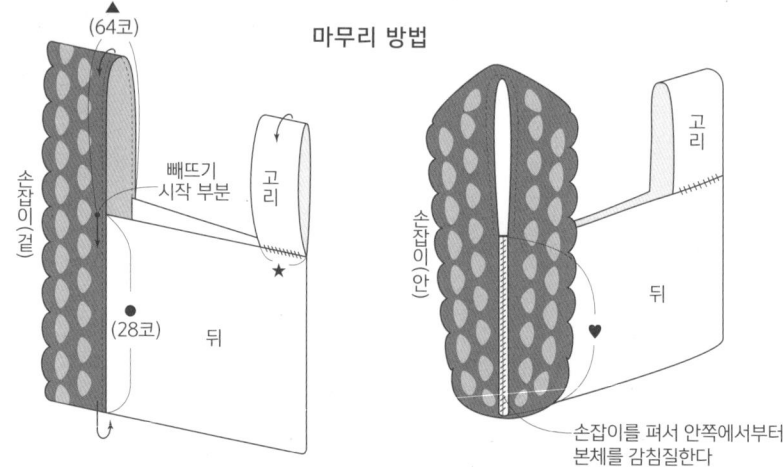

① 본체와 고리는 도안을 참조해서 뜨고 고리의 뜨기 끝부분 ★을 본체의 지정한 위치에 감침질로 잇는다. 고리의 양끝에 각각 테두리뜨기 1단을 뜬다.
② 손잡이는 본체의 지정한 위치에 놓고 ●부분은 본체와 겹친 상태에서 균형을 살펴가며 빼뜨기하고, ▲부분은 손잡이에만 빼뜨기한다(본체 뒤에서 시작).
③ 손잡이의 안쪽에서 본체의 ♥끼리 감침질로 잇는다.

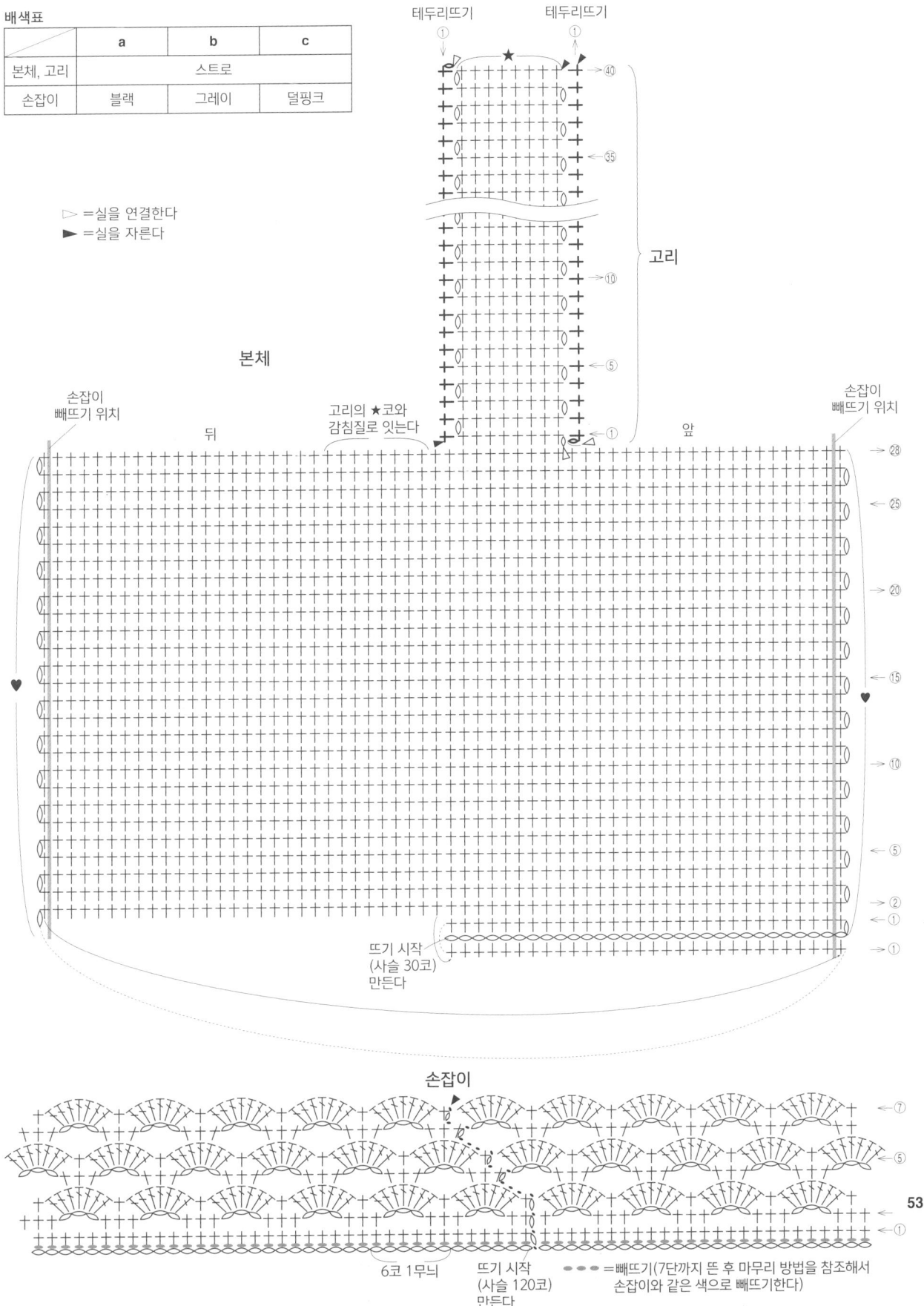

No. see : p. 10

3　Caramel

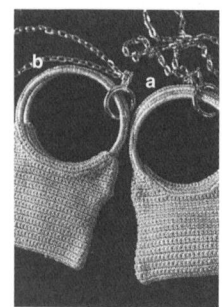

캐러멜

재료와 도구

a / 하마나카 엠퍼러 실버(1) 35g, 닛폰 추코 링 핸들(안지름 10cm, 실버)(SGM-RING100-S) 1세트, 원형 카라비너 (바깥지름 35mm, 실버)(S27-310-S) 1개, 쓰노다쇼텐 양쪽 개고리가 달린 체인(120cm, 니켈)(K112N) 1줄

b / 하마나카 엠퍼러 골드(3) 35g, 닛폰추코 링 핸들(안지름 10cm, 골드)(SGM-RING100-G) 1세트, 원형 카라비너(바깥지름 35mm, 골드)(S27-313-G) 1개, 쓰노다쇼텐 양쪽 개고리가 달린 체인(120cm, 골드)(K112G) 1줄

공통 / 코바늘 3/0호

완성 치수
폭 12.5cm 높이 12cm(손잡이 미포함)

게이지
10cm×10cm 짧은뜨기 27코×28단

뜨는 방법 포인트

● 본체❶은 사슬 34코로 시작코를 만들고 짧은뜨기 왕복뜨기로 24단을 뜬다. 본체에서 이어서 콧수를 줄여가며 10단을 뜨고 실을 잠시 쉬게 한다. 지정한 위치에 실을 연결해서 콧수를 줄여가며 반대쪽 10단을 뜬다. 손잡이 연결고리는 쉬게 해둔 실로 이어 지정한 위치에서 코를 줍고 짧은뜨기로 8단을 뜬다. 본체❷는 시작코의 사슬에서 코를 주워 본체❶과 같은 방법으로 뜬다.

● 손잡이는 링이 보이지 않게 짧은뜨기로 빽빽하게 감싸 뜬다.

● 마무리 방법을 참조해서 각 부분을 하나로 합친다.

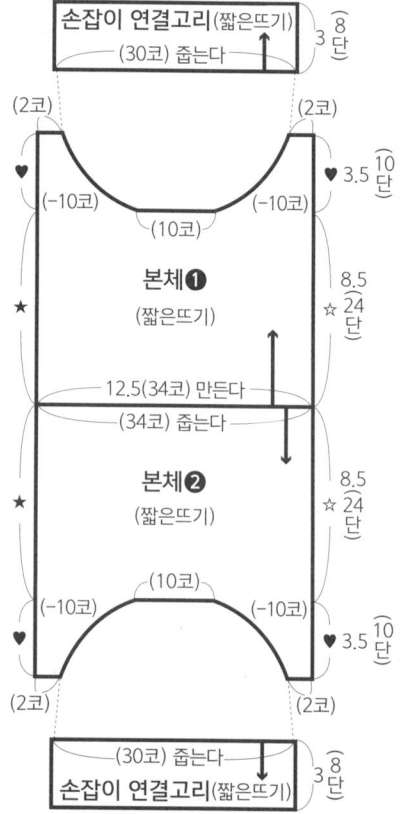

※전부 3/0호 코바늘을 사용해서 실 2가닥으로 뜬다

마무리 방법

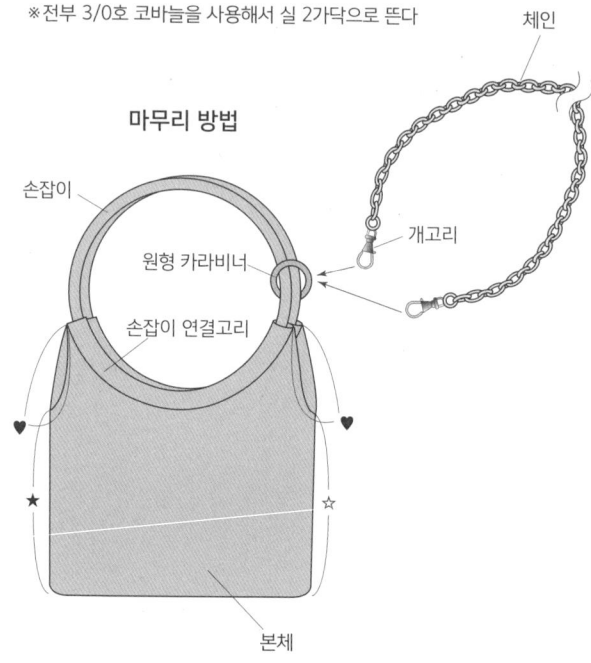

① 본체는 겉쪽끼리 마주 보게 겹쳐놓고 ★, ☆끼리 빼뜨기로 연결한다
② 손잡이를 손잡이 연결고리에 끼운 후 안쪽으로 접어서 감침질한다
③ 본체 양끝의 ♥부분은 안쪽으로 1코만큼 접어서 감침질한다
④ 원형 카라비너에 손잡이 2개를 모아 끼운 후 체인의 개고리를 연결한다

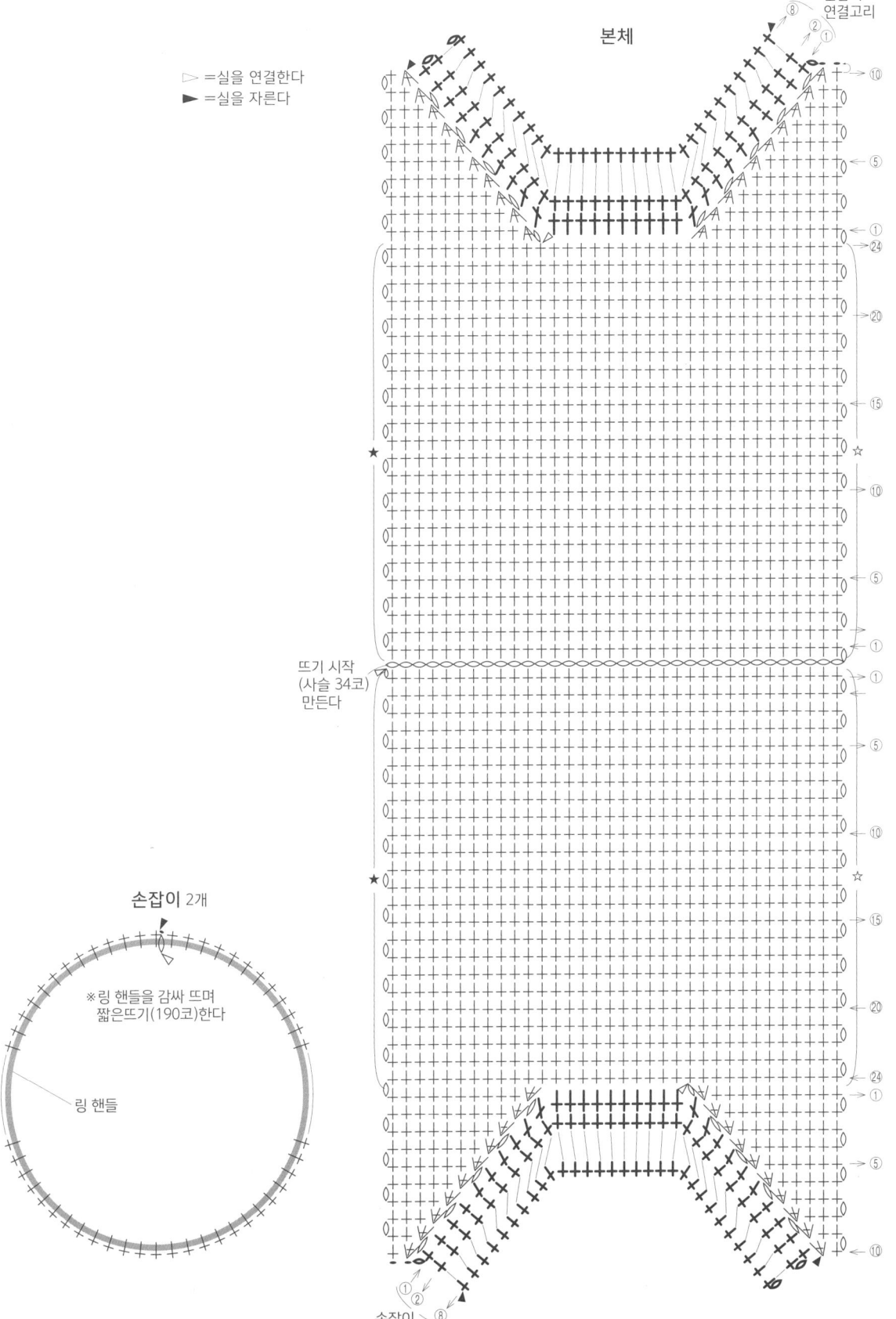

No. see : p. 12

4　Kau

카우

재료와 도구

스키얀 루비 에코퍼 에크루(367) 65g, 메르헨아트 마닐라헴프사 스테인 정향나무(542) 40g, 닛폰추코 D링(30mm, 골드)(S22-107) 3개, 링 핸들(안지름 10cm, 골드)(SGM-RING100-G) 1세트, 카라비너(바깥지름 30mm, 골드) 3개, 지름 4mm 구멍 2개짜리 코드 스토퍼(골드) 2개, 자석단추(지름 15mm, 꿰매 다는 타입) 1세트, 장식단추 1개, 지름 3mm 가죽끈(베이지) 220cm, 코바늘 5/0호, 대바늘 15호(4개 1세트)

완성 치수

버킷백 : 폭 16cm 높이 15.5cm(본체만)
케이스 : 폭 11cm 높이 18cm(본체만)

게이지

10cm×10cm 메리야스뜨기 17.5코×22단, 무늬뜨기 9.5코×19.5단

뜨는 방법 포인트

● 케이스는 사슬 19코로 시작코를 만들고 사슬 둘레에서 코를 주워 무늬뜨기로 35단을 뜬다. 계속해서 짧은뜨기로 4단을 뜬다.

● 버킷백은 바닥을 꿰맬 실을 50cm 정도 남기고 손가락에 실을 걸어서 시작코를 만들어 메리야스뜨기로 27단을 원통 모양으로 뜬다. 계속해서 뒤쪽의 끈 통과 부분(15코) 6단을 뜬다. 앞쪽은 실을 연결해서 뒤쪽과 같은 방법으로 6단을 뜬다.

● 마무리 방법을 참조해서 각 부분을 하나로 합친다.

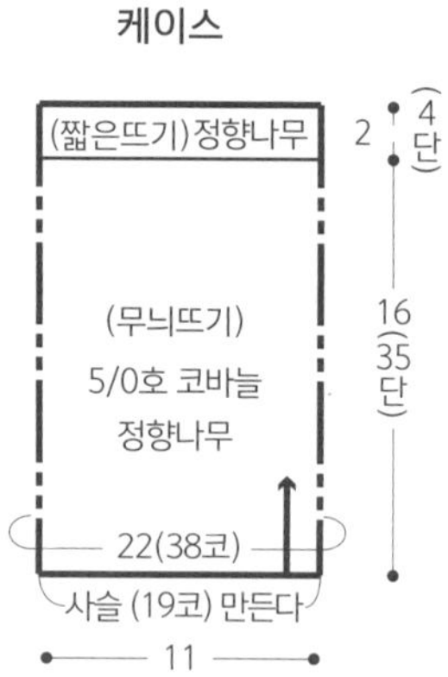

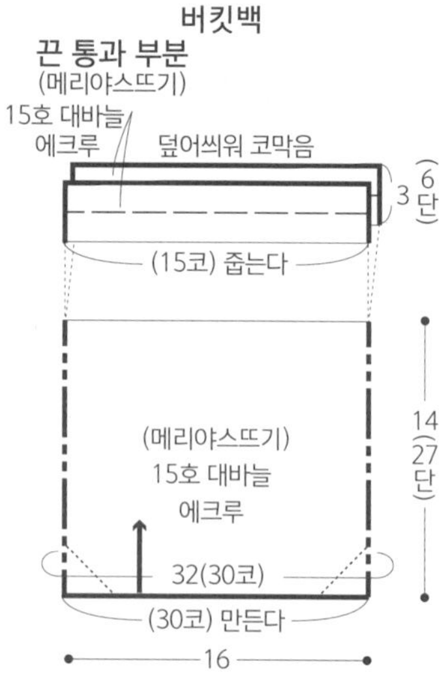

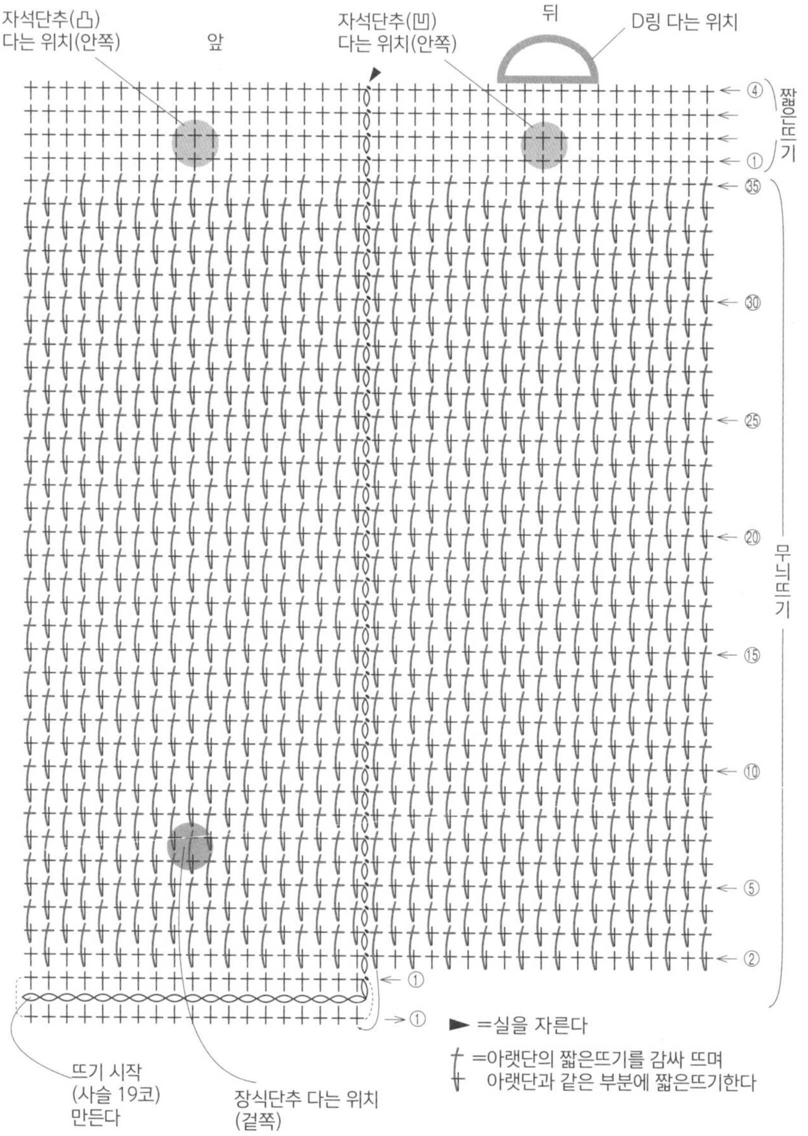

▷ =실을 연결한다
▶ =실을 자른다

버킷백 바닥 마감하는 방법

버킷백

□ = ▯

※★끼리 감침질로 잇는다

끈을 끼우는 방법

※끈은 가죽끈을 각 110㎝로 잘라서 사용한다

마무리 방법

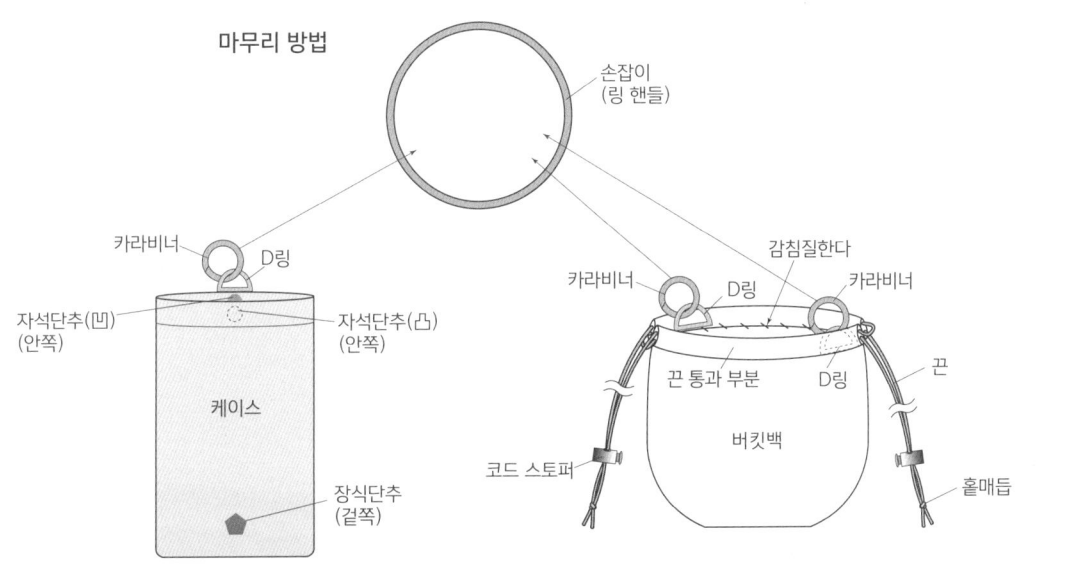

① 케이스는 지정한 위치에 자석단추, 장식단추, D링을 꿰매 단다(p. 42, 44 참조).
② 버킷백은 뜨개바탕을 겉쪽끼리 마주 보게 겹쳐놓고 바닥의 ★끼리 맞춰서 감침질한다.
바닥 부분은 지정한 위치를 꿰맨다. 끈 통과 부분은 안쪽으로 접어서 감침질한다.
끈은 지정한 위치에 양끝에서 각각 끼우고 끈 끝은 코드 스토퍼 구멍에 끼워서 홑매듭으로 묶는다.
D링은 지정한 위치에 꿰매 단다.
③ 케이스와 버킷백에 단 D링에 카라비너를 연결한다.
이를 손잡이(링 핸들)에 연결해서 사용한다.

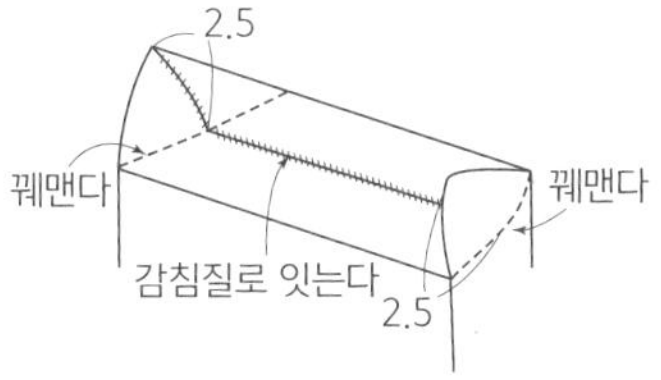

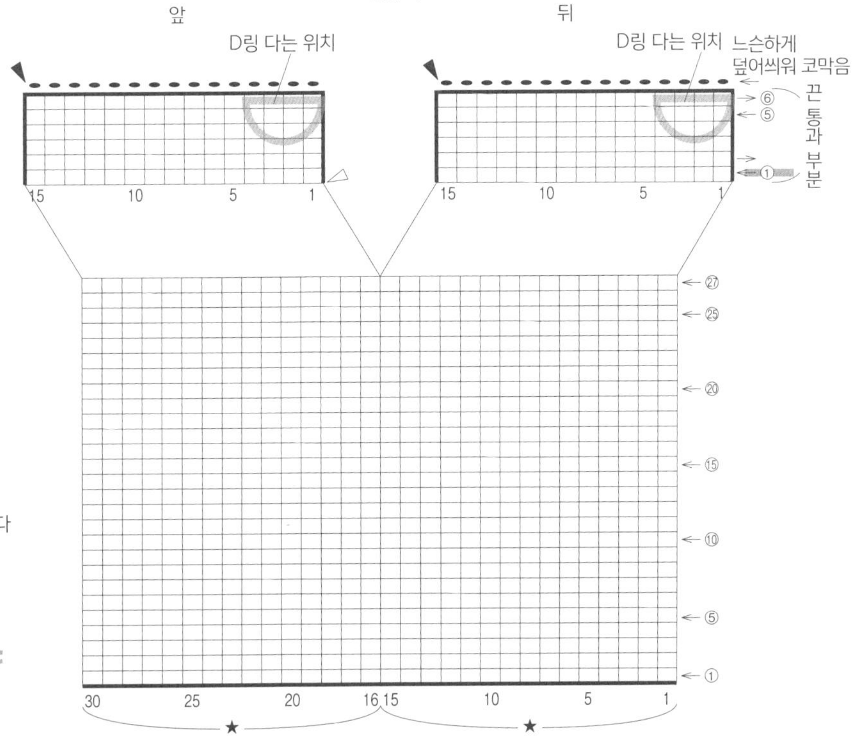

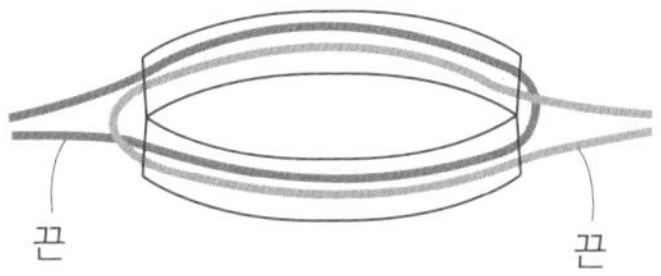

No. see : p. 14

5   Volny

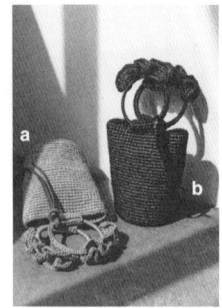

볼니

재료와 도구
a / 메르헨아트 마닐라헴프사 스트로 (507) 150g, 폭 10㎜ 가죽끈(갈색) 70㎝
b / 메르헨아트 마닐라헴프사 블랙(510) 150g, 폭 10㎜ 가죽끈(검은색) 70㎝
공통 / 닛폰추코 링 핸들(안지름 10㎝, 골드)(SGM-RING100-G) 1세트, 코바늘 7/0호

완성 치수
폭 12㎝ 높이 20㎝(손잡이 미포함)

게이지
10㎝×10㎝ 짧은뜨기 14코×15단

뜨는 방법 포인트
손잡이의 프릴은 실 1가닥, 프릴 외에는 실 2가닥으로 뜬다.
● 바닥은 원형뜨기 시작코로 뜨기 시작해서 도안을 참조하여 콧수를 늘려가며 짧은뜨기로 8단을 뜬다.
● 옆면은 바닥에서 코를 주워 짧은뜨기로 30단을 뜬다. 손잡이 연결고리는 본체의 지정한 위치에 실을 연결해서 8코를 줍고 짧은뜨기로 7단을 뜬다.
● 손잡이는 링이 보이지 않게 짧은뜨기로 빽빽하게 감싸 뜬다. 계속해서 도안을 참조하여 지정한 부분(★) 코머리 앞쪽 반코에 프릴의 앞쪽 5단을 뜨고, 프릴의 뒤쪽은 코머리 뒤쪽 반코에 같은 방법으로 5단을 뜬다.
● 마무리 방법을 참조해서 각 부분을 하나로 합친다.

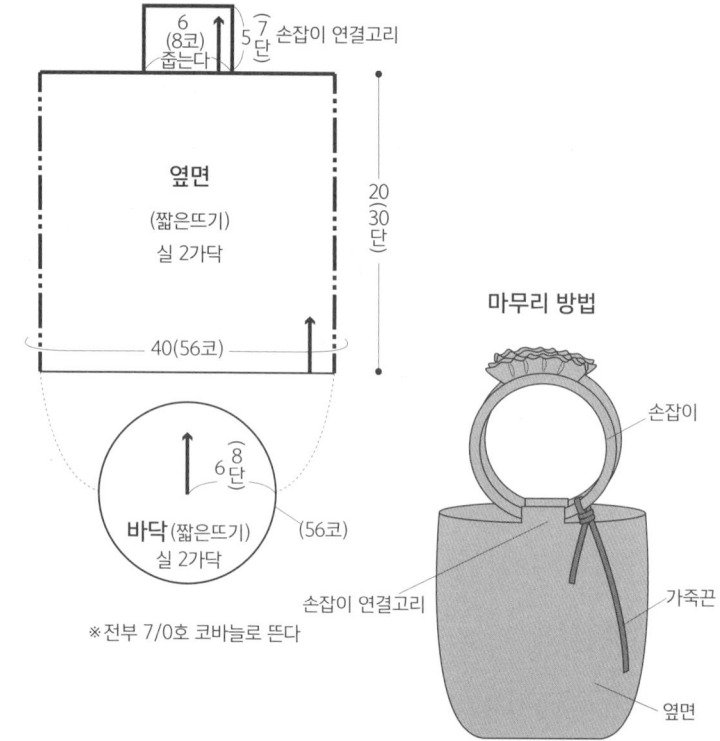

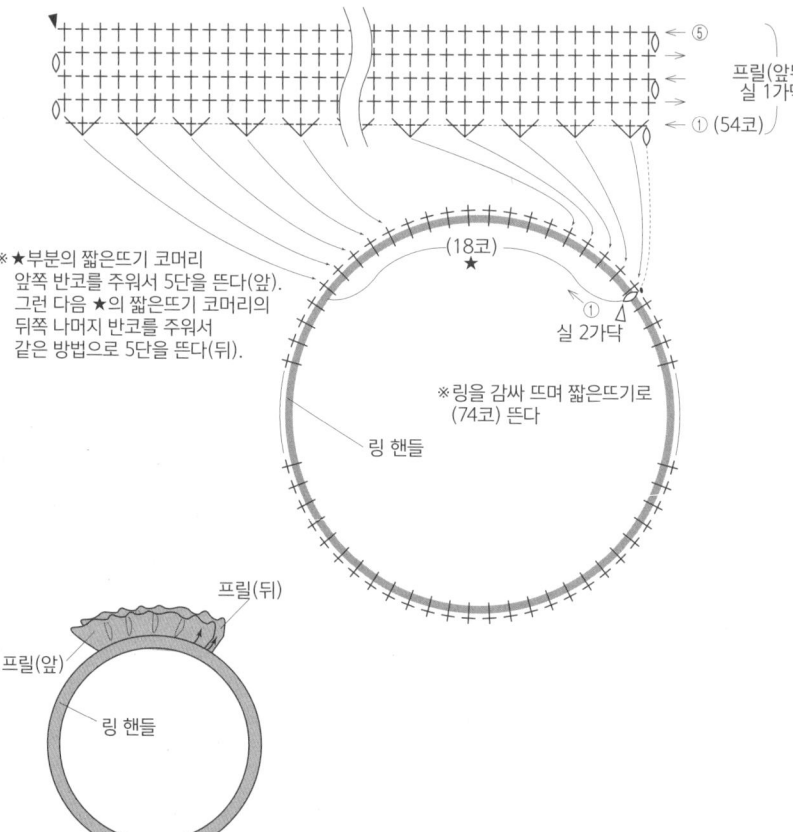

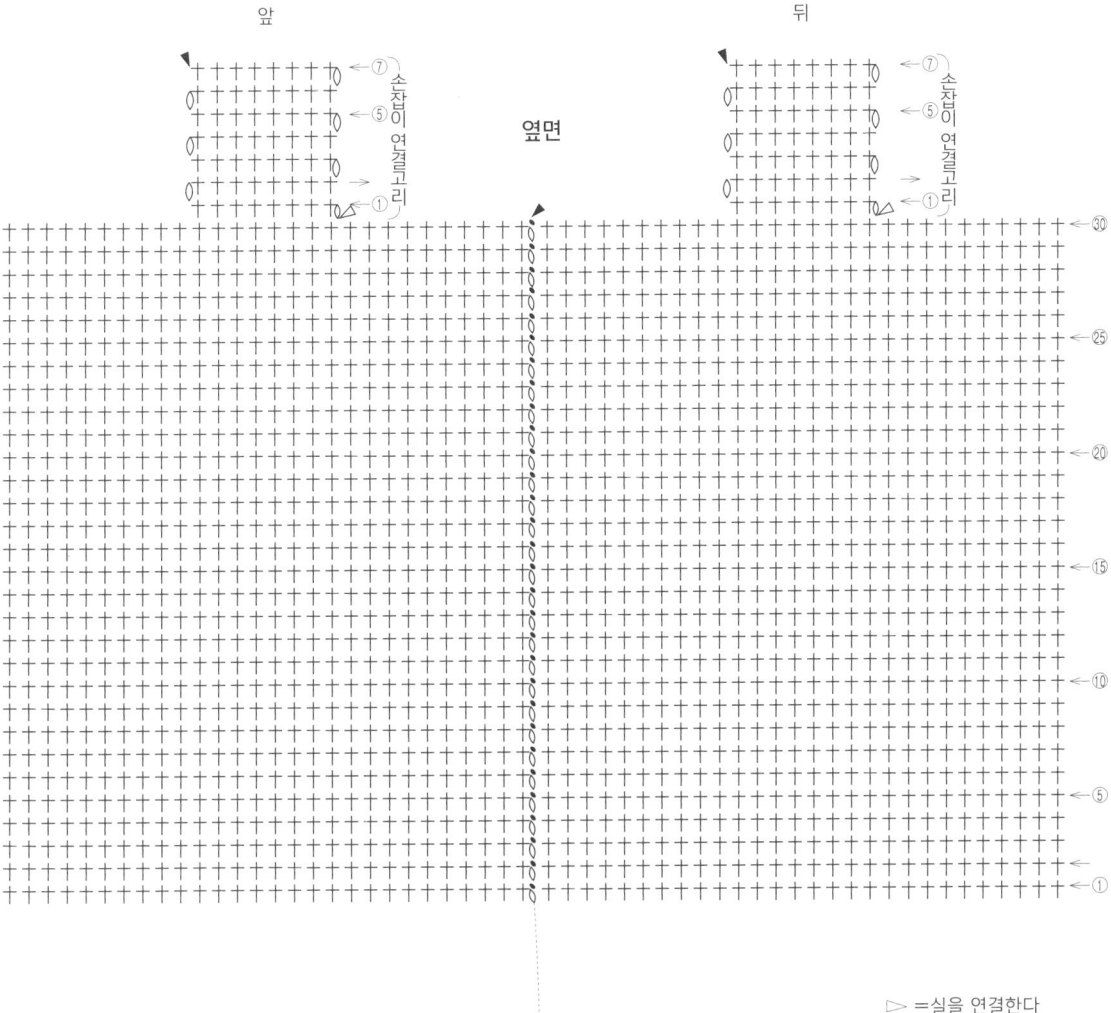

No. see : p. 16

6　Ballerina

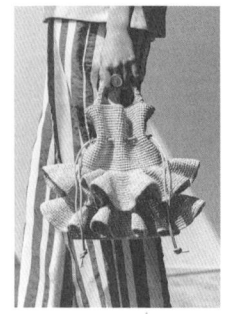

발레리나

재료와 도구
퍼피 리피 내추럴(761) 230g, 지름 3mm 가죽끈(베이지) 200cm, 아일렛(안지름 8.5mm, 골드) 12개, 지름 4mm 구멍 2개짜리 코드 스토퍼(골드) 2개, 코바늘 4/0호

완성 치수
폭 24cm 높이 30cm(손잡이, 프릴 미포함)

게이지
10cm×10cm 본체의 짧은뜨기(실 2가닥)
20코×18단

뜨는 방법 포인트
프릴은 실 1가닥, 그 외에는 실 2가닥으로 뜬다.
● 본체는 사슬 48코로 시작코를 만들고 사슬 둘레에서 코를 주워 짧은뜨기로 54단을 뜬다. 17단과 29단은 이랑뜨기로 뜨고 41단에는 구멍을 만들어가며 뜬다. 도안을 참조하여 지정한 위치에 프릴 15단을 뜬다(2군데). 프릴은 접은 자국이 나지 않고 자연스럽게 움직이도록 주의한다. 손잡이는 사슬 6코로 시작코를 만들고 도안을 참조해서 뜬 후 본체와 합친다.
● 마무리 방법을 참조해서 각 부분을 하나로 합친다. 마무리로 스팀다리미를 사용해서 프릴의 입체감을 살려 정돈한다.

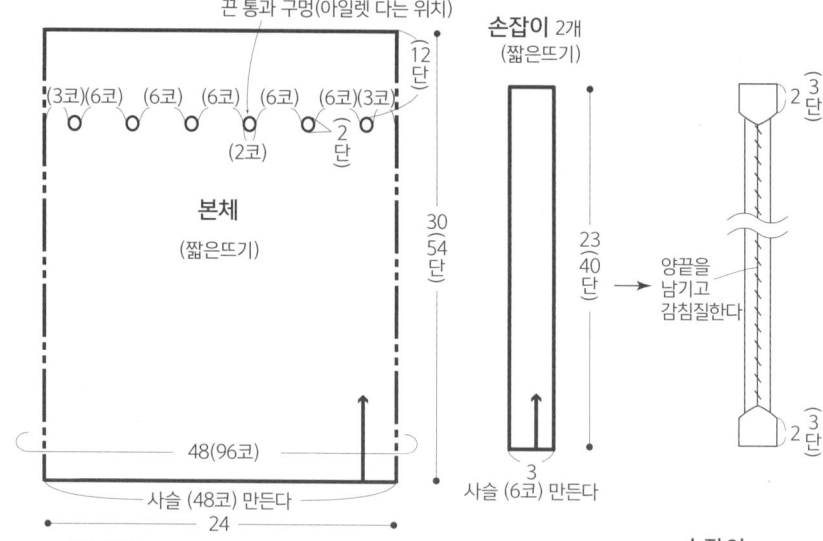

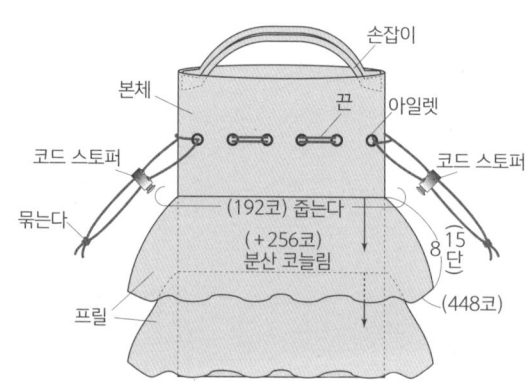

① 본체의 지정한 위치에 프릴을 뜬다
② 끈 통과 구멍에 아일렛을 단다(p. 42 참조)
③ 손잡이는 지정한 위치에 꿰매 단다
④ 끈은 각 100cm로 잘라서 지정한 위치에 양끝에서 각각 끼우고 끈 끝은 코드 스토퍼 구멍에 끼워서 홑매듭으로 묶는다

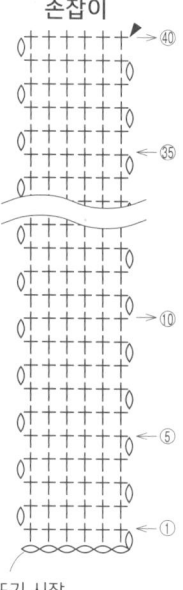

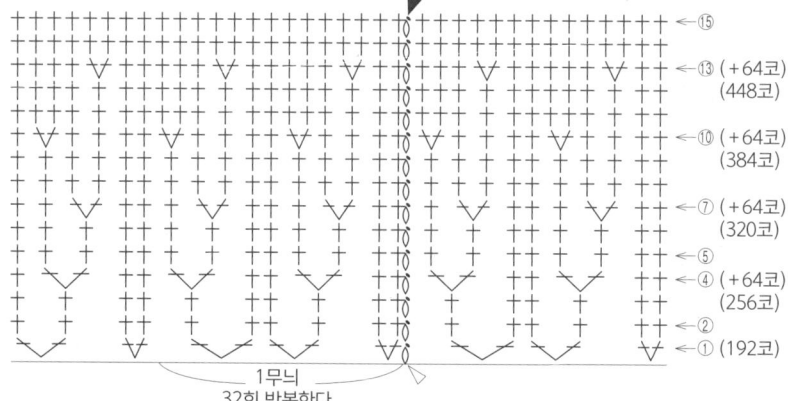

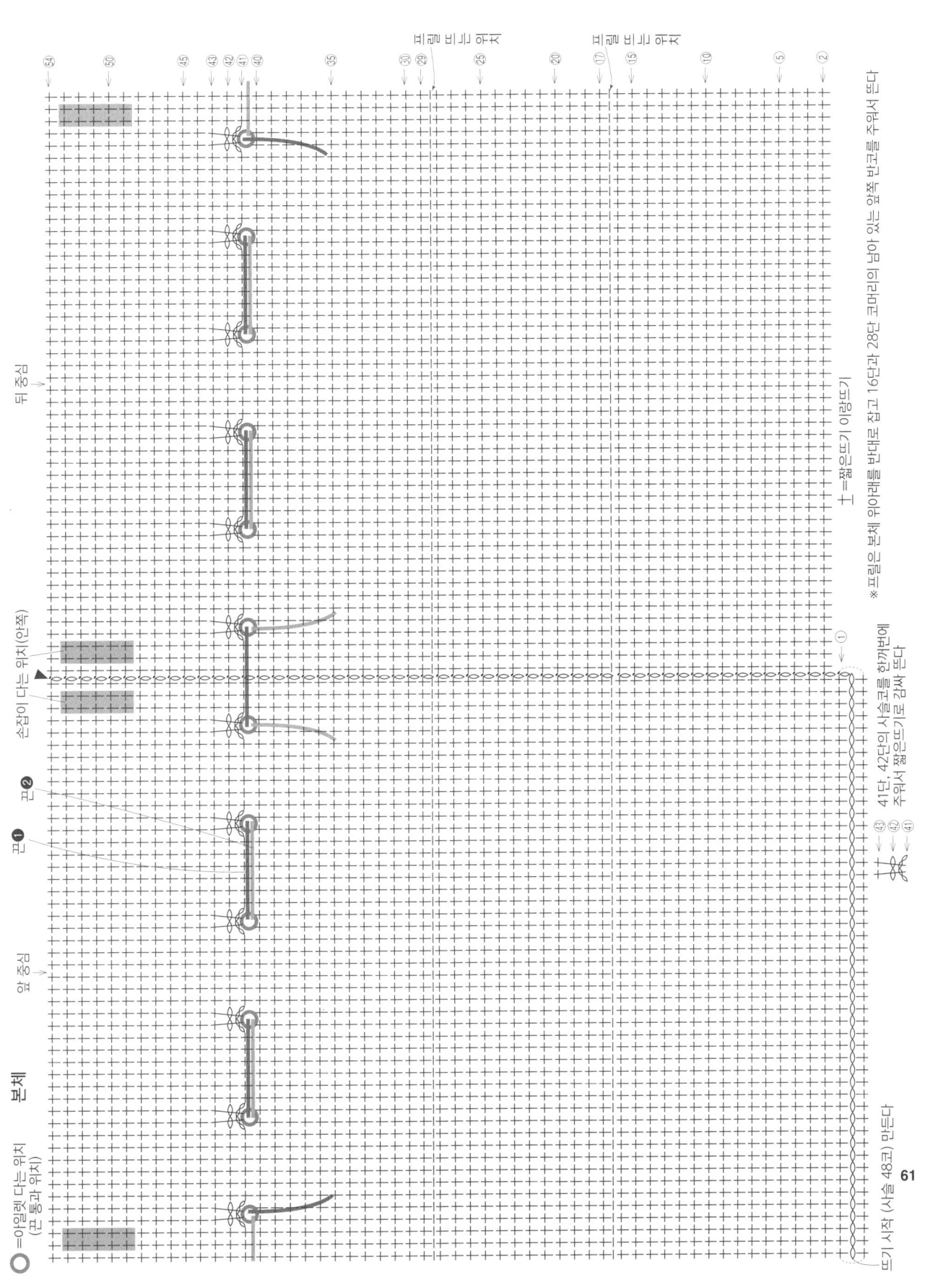

No. see : p. 17

6　Petite Ballerina

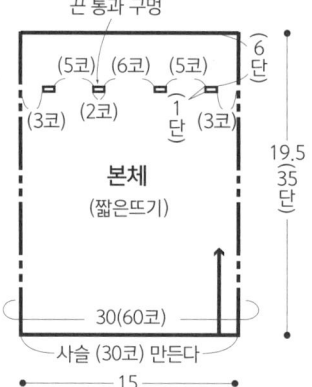

프티 발레리나

재료와 도구
퍼피 리피 내추럴(761) 115g, D링(18mm, 골드) 2개, 쓰노다쇼텐 양쪽 개고리가 달린 체인(120cm, 골드)(K112G), 지름 3mm 가죽끈(베이지) 100cm, 지름 4mm 구멍 2개짜리 코드 스토퍼(골드) 1개, 코바늘 4/0호

완성 치수
폭 15cm 높이 19.5cm(손잡이, 프릴 미포함)

게이지
10cm×10cm 짧은뜨기(실 2가닥) 20코×18단

뜨는 방법 포인트
프릴은 실 1가닥, 그 외에는 실 2가닥으로 뜬다.
● 본체는 사슬 30코로 시작코를 만들고 사슬 둘레에서 코를 주워 짧은뜨기로 35단을 뜬다. 14단과 23단은 이랑뜨기로 뜨고 29단에는 구멍을 만들어가며 뜬다. 도안을 참조하여 지정한 위치에 프릴 12단을 뜬다(2군데).
● 손잡이는 사슬 48코로 시작코를 만들고 도안을 참조해서 뜬다.
● 마무리 방법을 참조해서 각 부분을 하나로 합친다.

마무리 방법

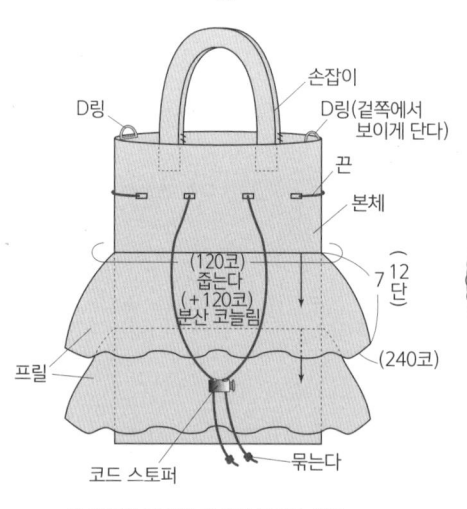

① 본체의 지정한 위치에 프릴을 뜬다
② 지정한 위치에 D링을 단다(p. 44 참조)
③ 손잡이는 지정한 위치에 꿰매 단다
④ 끈은 끈 통과 구멍에 끼워서 홑매듭으로 묶는다
⑤ 체인을 D링에 연결해서 사용한다

손잡이 2개

본체

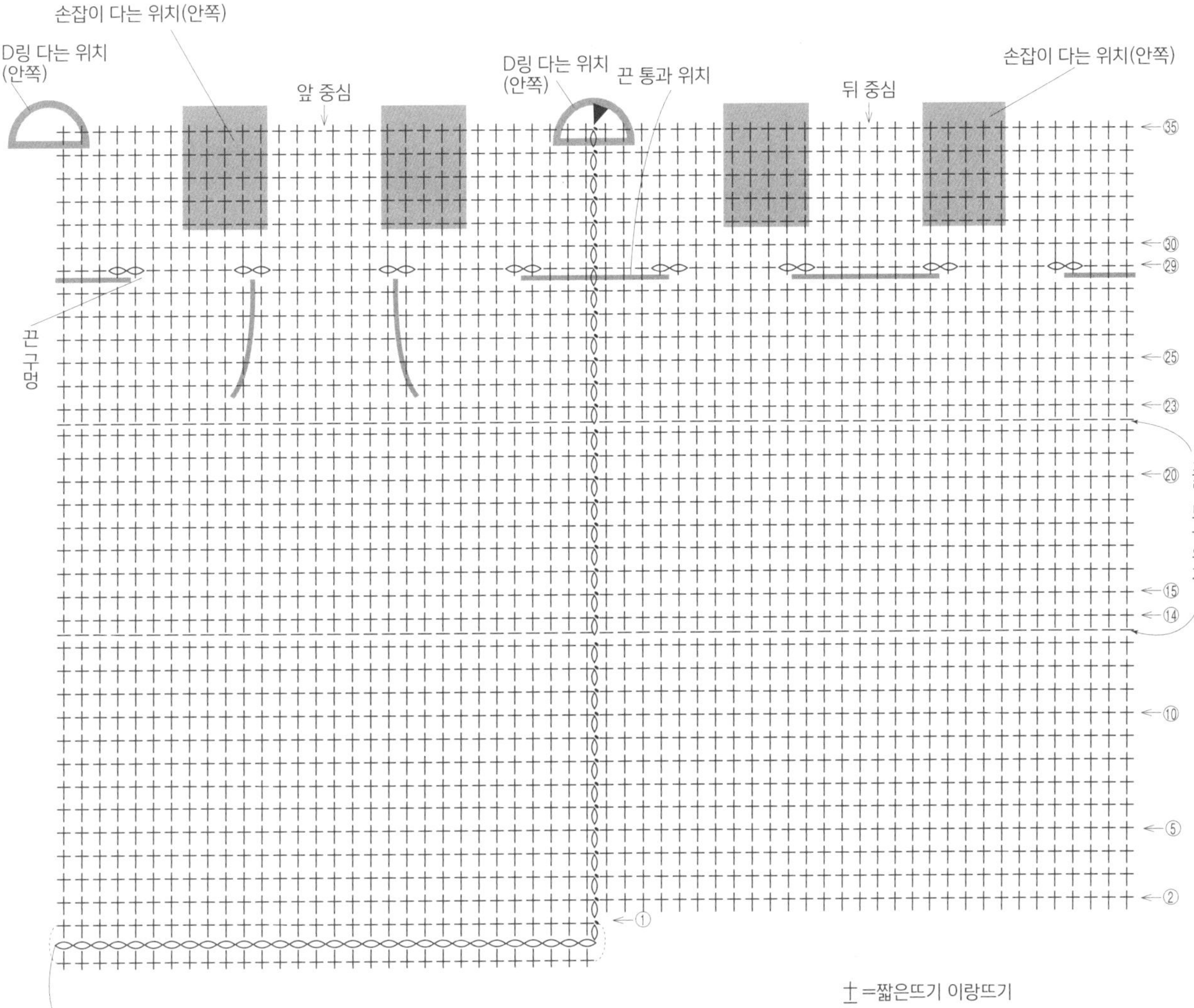

손잡이 다는 위치(안쪽)
D링 다는 위치 (안쪽)
앞 중심
D링 다는 위치 (안쪽)
끈 통과 위치
뒤 중심
손잡이 다는 위치(안쪽)
끈 구멍
프릴 뜨는 위치
㉟
㉚
㉙
㉕
㉓
⑳
⑮
⑭
⑩
⑤
②
①

뜨기 시작 (사슬 30코) 만든다

㉚ ㉙ 29단의 사슬코를 한꺼번에 주워서 짧은뜨기로 감싸 뜬다

┼ =짧은뜨기 이랑뜨기

※프릴은 본체 위아래를 반대로 잡고 13단과 22단 코머리의 남아 있는 앞쪽 반코를 주워서 뜬다

프릴 2장 ※실 1가닥으로 뜬다

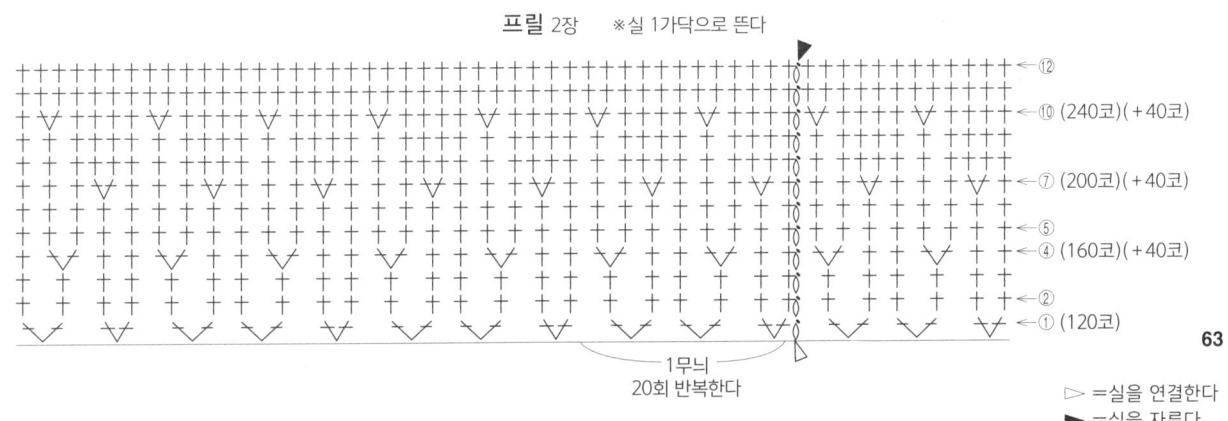

⑫
⑩ (240코)(+40코)
⑦ (200코)(+40코)
⑤
④ (160코)(+40코)
②
① (120코)
1무늬 20회 반복한다

▷ =실을 연결한다
▶ =실을 자른다

No. 7 see : p. 18

Tangle

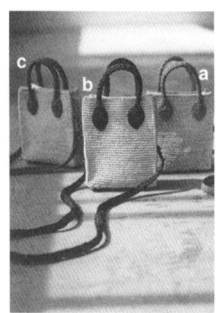

탱글

재료와 도구

a / 다루마 사사와시 내추럴(1) 90g, 오렌지(10) 55g, 닛폰추코 개고리(16㎜, 골드)(S27-34-G) 2개, D링(15㎜, 골드)(S22-12) 2개

b / 다루마 사사와시 내추럴(1) 90g, 먹색(17) 55g, 닛폰추코 개고리(16㎜, 실버)(S27-33-S) 2개, D링(15㎜, 실버)(S22-9) 2개

c / 다루마 사사와시 내추럴(1) 90g, 그린(14) 55g, 닛폰추코 개고리(16㎜, 골드)(S27-34-G) 2개, D링(15㎜, 골드)(S22-12) 2개

공통 / 코바늘 4/0호, 5/0호, 6/0호

완성 치수

폭 15㎝ 높이 17㎝(손잡이 미포함)

게이지

10㎝×10㎝ 짧은뜨기(옆면) 21.5코×22단

뜨는 방법 포인트

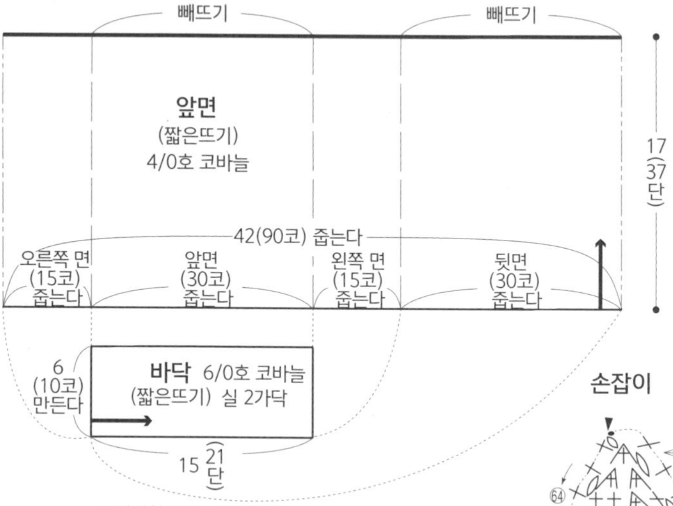

지정한 부분 외에는 실 1가닥으로 뜬다.

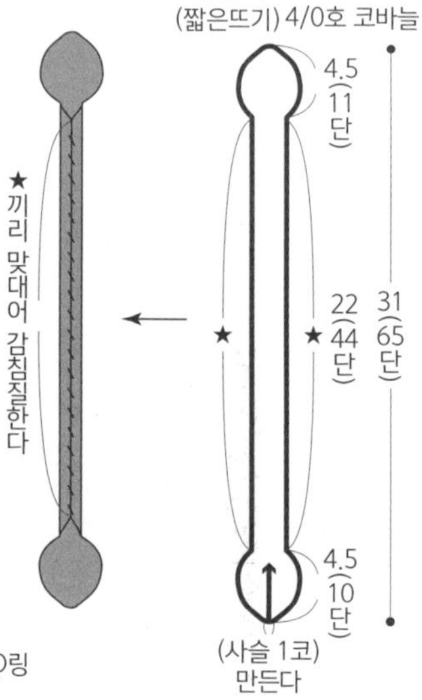

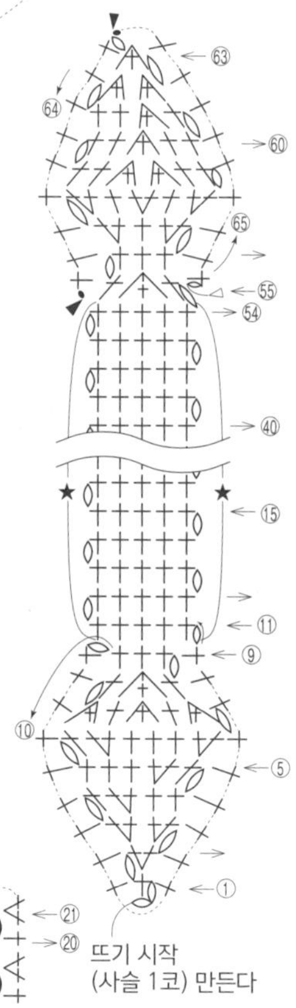

● 바닥은 사슬 10코로 시작코를 만들고 짧은뜨기로 21단을 뜬다. 바닥에서 이어 옆면은 바닥 둘레에서 코를 주워 짧은뜨기로 37단을 뜬다. 계속해서 앞면에 빼뜨기하고 뒷면에는 실을 연결해서 빼뜨기한다.

● 손잡이는 도안을 참조해서 뜨고 ★끼리 가운데에서 맞대어 감침질한다.

● 어깨끈은 도안을 참조해서 뜨고 양끝에 개고리를 단다.

● 마무리 방법을 참조해서 각 부분을 하나로 합친다.

※지정한 부분 외에는 실 1가닥으로 뜬다

마무리 방법

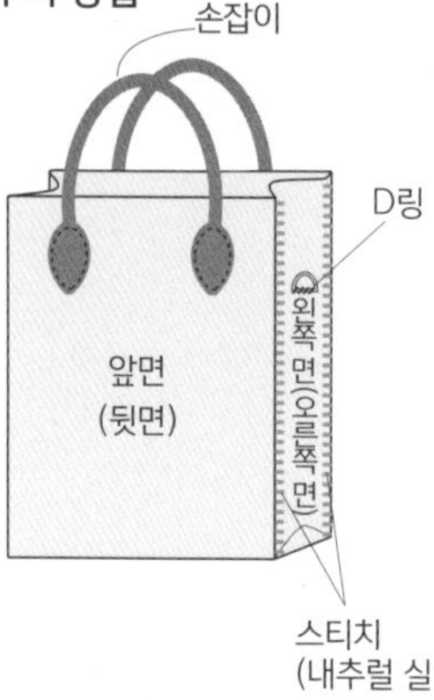

① 지정한 위치에 D링을 꿰매 단다(p. 44 참조)
② 옆면의 지정한 위치에 스티치한다(4군데)
③ 손잡이는 지정한 위치에 홈질로 꿰매 단다
④ 어깨끈은 도안을 참조해서 만들고 D링에 연결해 사용한다

▷ =실을 연결한다
▶ =실을 자른다

━ =실 2가닥
─ =실 1가닥

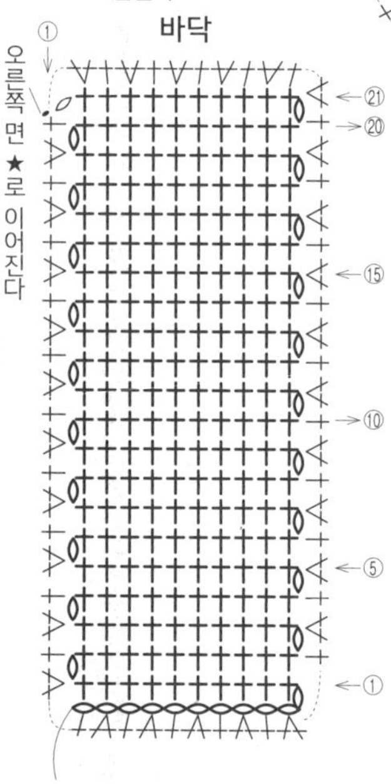

배색표

	a	b	c
바닥, 옆면	내추럴		
손잡이, 어깨끈	오렌지	먹색	그린

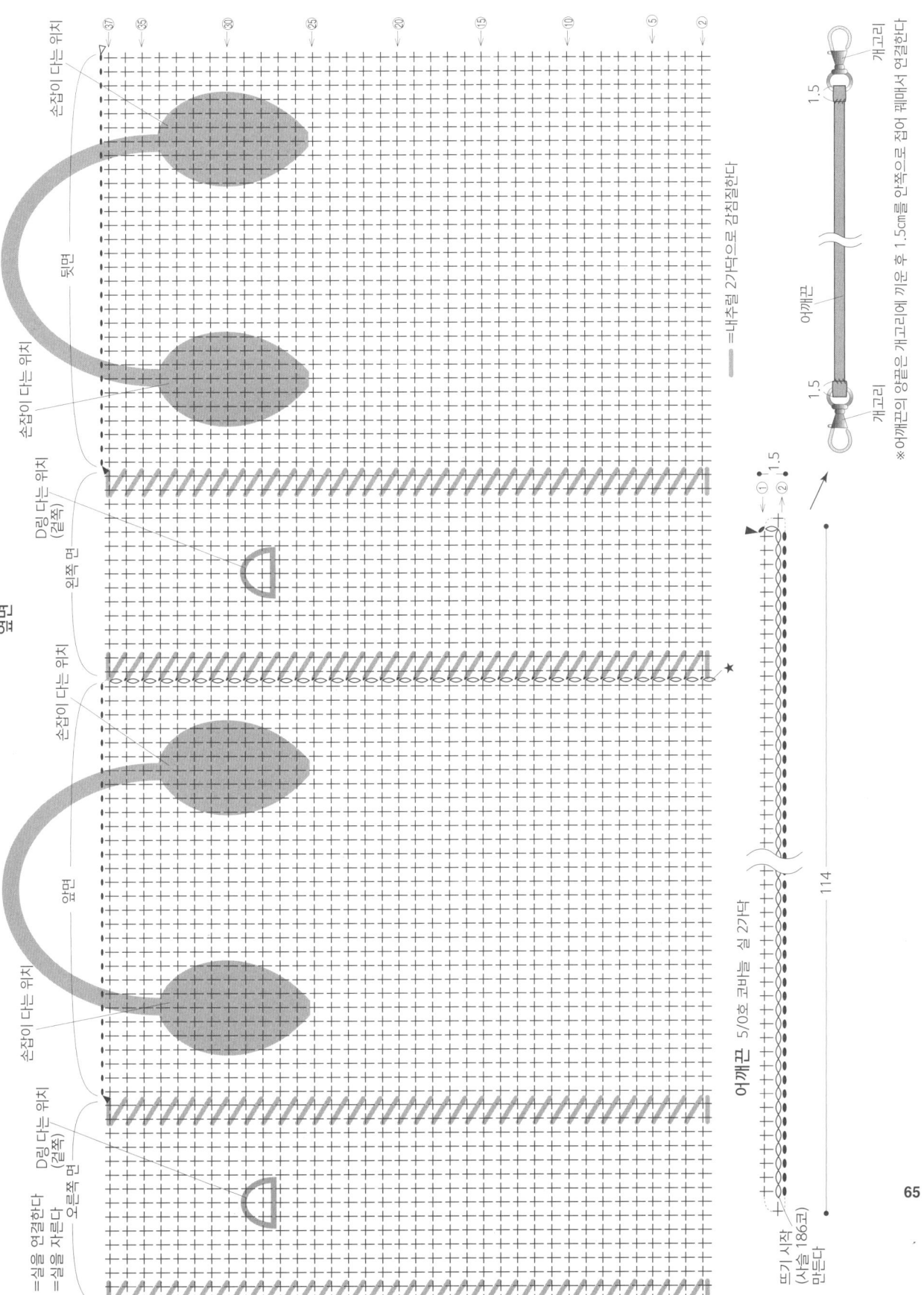

No. see : p. 20, 21

8 Capillus

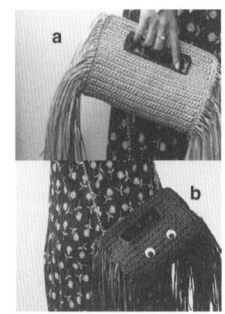

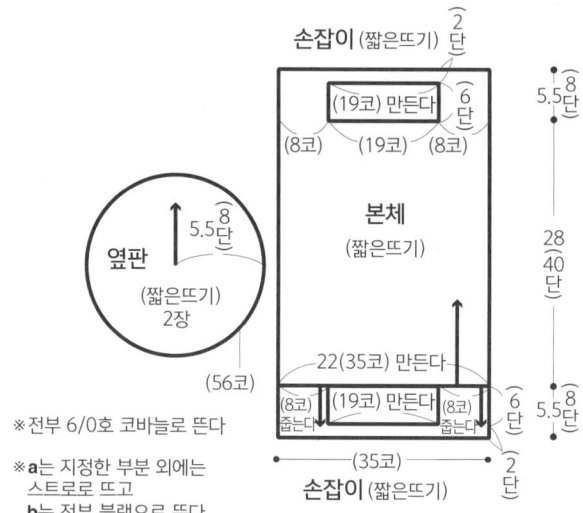

※전부 6/0호 코바늘로 뜨다

※a는 지정한 부분 외에는 스트로로 뜨고
  b는 전부 블랙으로 뜨다

카필러스

재료와 도구

a / 메르헨아트 마닐라헴프사 스트로(507) 190g, 블랙(510) 5g

b / 메르헨아트 마닐라헴프사 블랙(510) 190g, 움직이는 눈 단추(지름 25mm) 1세트

공통 / 쓰노다쇼텐 24cm 철사 프레임(F314) 1세트, 양쪽 개고리가 달린 체인(120cm, 골드)(K112G), D링(21mm, 골드) 2개, 자석단추(지름 15mm, 꿰매 다는 타입) 1세트, 코바늘 6/0호

완성 치수

폭 24cm 높이 11cm(손잡이 미포함)

게이지

10cm×10cm 짧은뜨기 16코×14.5단

뜨는 방법 포인트

실은 전부 2가닥으로 뜨다.
● 옆판 부분은 원형뜨기 시작코로 뜨기 시작해서 도안을 참조하여 콧수를 늘려가며 짧은뜨기로 8단을 뜨다. 같은 뜨개 바탕을 2장 뜨다.
● 본체는 사슬 35코로 시작코를 만들어서 40단을 뜨다. 본체에 이어서 기호 도안을 참조하여 손잡이를 뜨다. 시작코의 사슬을 반대로 주워서 반대쪽 손잡이를 짧은뜨기로 뜨다.
● 손잡이 구멍 둘레는 빼뜨기해서 모양을 잡는다. 손잡이의 지정한 위치에 실을 연결해서 철사 프레임을 감싸 뜨며 둘레를 짧은뜨기 1단으로 정돈한다. 계속해서 옆판 부분의 원과 안쪽끼리 마주 보게 겹쳐놓고 도안을 참조해서 짧은뜨기로 합친다.
● 본체와 옆판을 연결한 짧은뜨기 코와 이어지는 손잡이 옆쪽의 코까지(1코당 실 1줄씩) 프린지를 단다.
● 마무리 방법을 참조해서 완성하다.

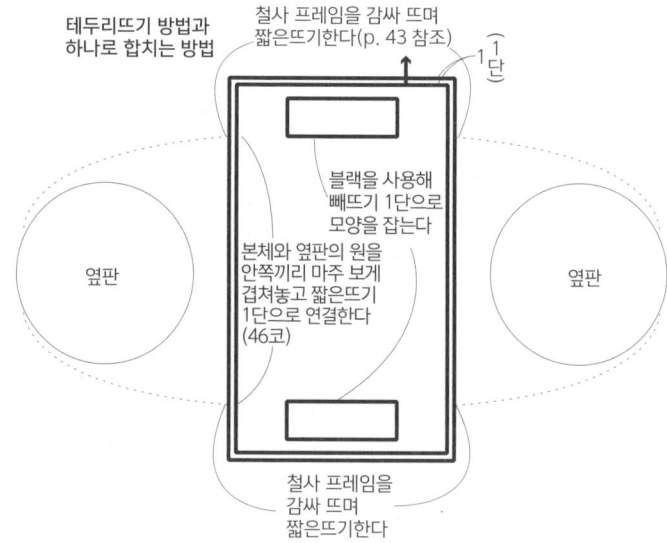

테두리뜨기 방법과 하나로 합치는 방법

블랙을 사용해 빼뜨기 1단으로 모양을 잡는다

본체와 옆판의 원을 안쪽끼리 마주 보게 겹쳐놓고 짧은뜨기 1단으로 연결한다 (46코)

철사 프레임을 감싸 뜨며 짧은뜨기한다 (p. 43 참조)

철사 프레임을 감싸 뜨며 짧은뜨기한다

옆판

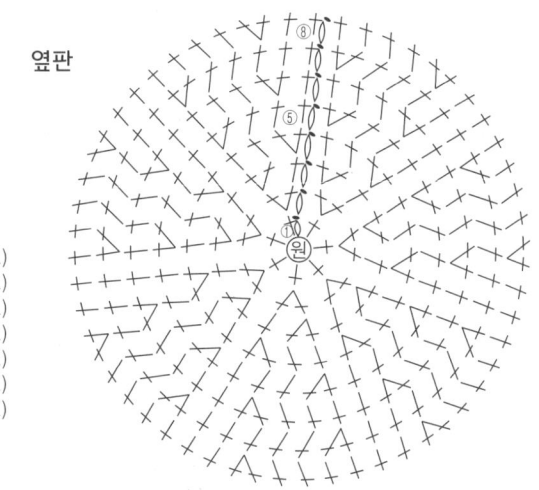

옆판 콧수표	
단	콧수
8단	56코 (+7코)
7단	49코 (+7코)
6단	42코 (+7코)
5단	35코 (+7코)
4단	28코 (+7코)
3단	21코 (+7코)
2단	14코 (+7코)
1단	7코

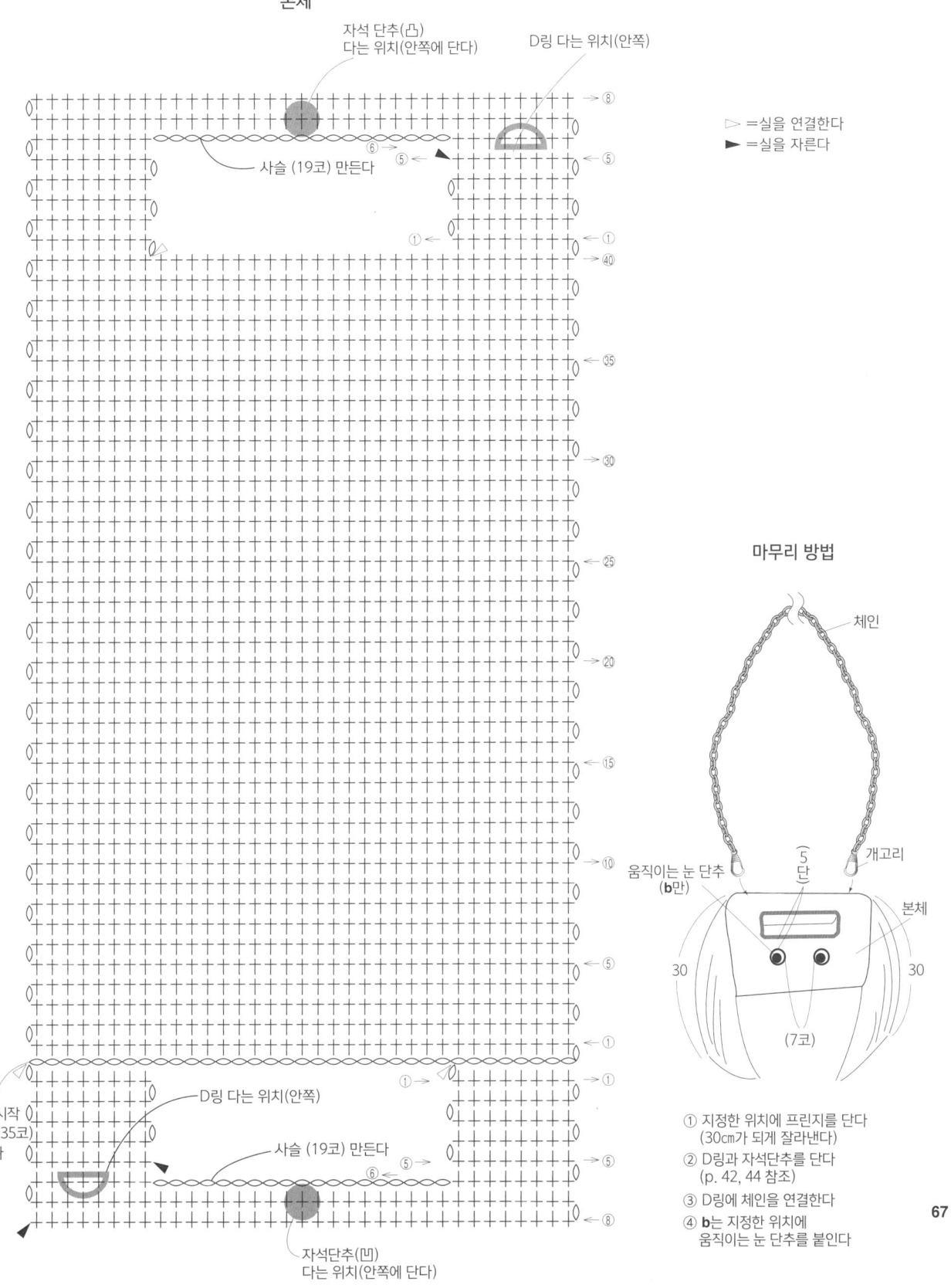

p. 67에 이어 카필러스 뜨는 방법

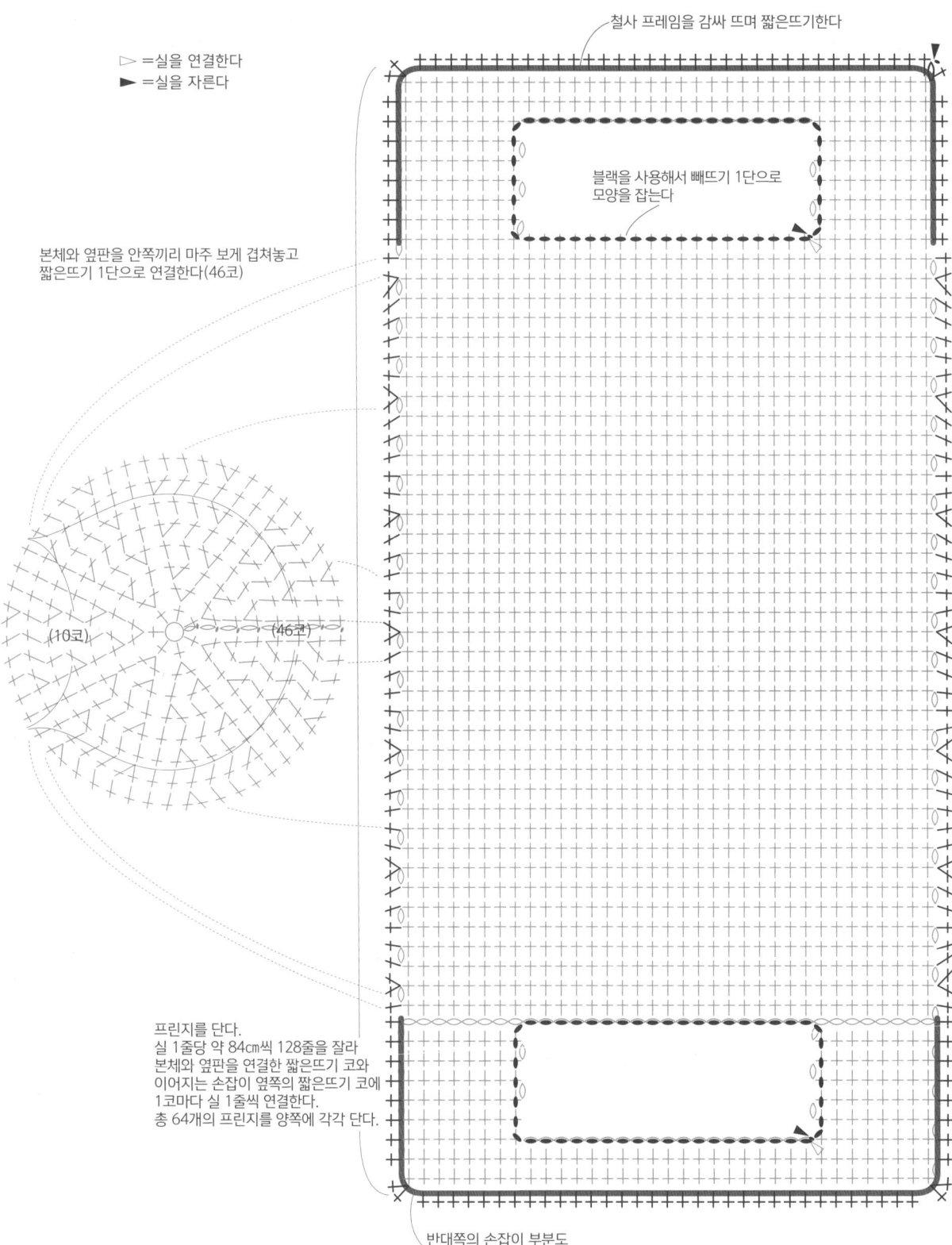

No. see : p. 22

9 Comodo

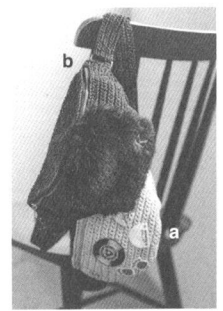

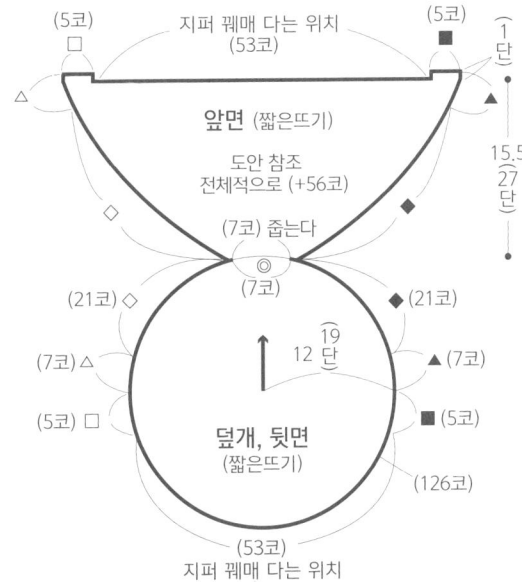

a 지정한 부분 외에 베이지를 사용해서 6/0호 코바늘로 뜬다
b 지정한 부분 외에 블랙을 사용해서 5/0호 코바늘로 뜬다

코모도

재료와 도구
a / 다루마 사사와시 플랫 베이지(102) 105g, 블랙(105) 25g, 닛폰추코 구슬 달린 지퍼(30cm, 골드)(#572, 베이지) 1줄, 취향에 맞는 와펜, 코바늘 6/0호

b / 다루마 사사와시 플랫 블랙(105) 140g, 닛폰추코 구슬 달린 지퍼(30cm, 골드)(#580, 블랙) 1줄, 15cm×12.5cm의 퍼 원단(블랙), 이니셜 핀 1개, 코바늘 5/0호

공통 / 안지름 30mm 사각링(골드) 2개, 안지름 30mm 끈 조절 사각 조리개(이동식)(골드) 1개, 코바늘 4/0호(벨트)

완성 치수
폭 24cm 높이 12cm

게이지
10cm×10cm 짧은뜨기 17.5코×17.5단 (a 6/0호, b 5/0호)

뜨는 방법 포인트
실은 지정한 부분 외에 2가닥, 벨트는 1가닥으로 뜬다.
● 가방 덮개와 뒷면은 원형뜨기 시작코로 뜨기 시작해서 짧은뜨기로 기호 도안을 참조하여 콧수를 늘려가며 19단을 뜬다. 앞면은 지정한 위치에서 코를 주워 콧수를 늘려가며 뜬다. 태브와 벨트를 짧은뜨기로 왕복뜨기한다.
● 가방 뒷면과 앞면을 안쪽끼리 마주 보게 겹쳐놓고 빼뜨기로 이어서 합친다. 잇는 도중에 사각링을 끼운 태브를 끼워 넣는다. 마무리 방법을 참조해서 벨트와 지퍼를 단다. a는 와펜, b는 포켓과 이니셜 핀을 단다.

벨트 끼우는 방법

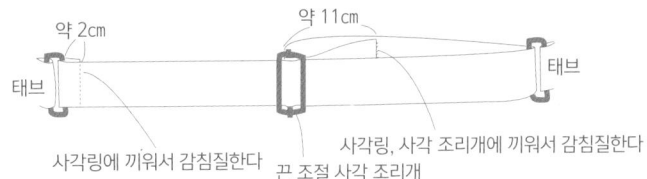

마무리 방법

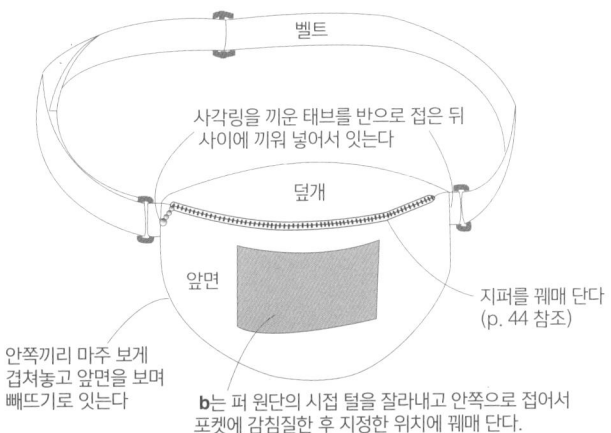

b는 퍼 원단의 시접 털을 잘라내고 안쪽으로 접어서 포켓에 감침질한 후 지정한 위치에 꿰매 단다. 원하는 위치에 이니셜 핀을 단다.
a는 와펜을 붙인다.

뜨는 방법은 p. 70으로 이어집니다 →

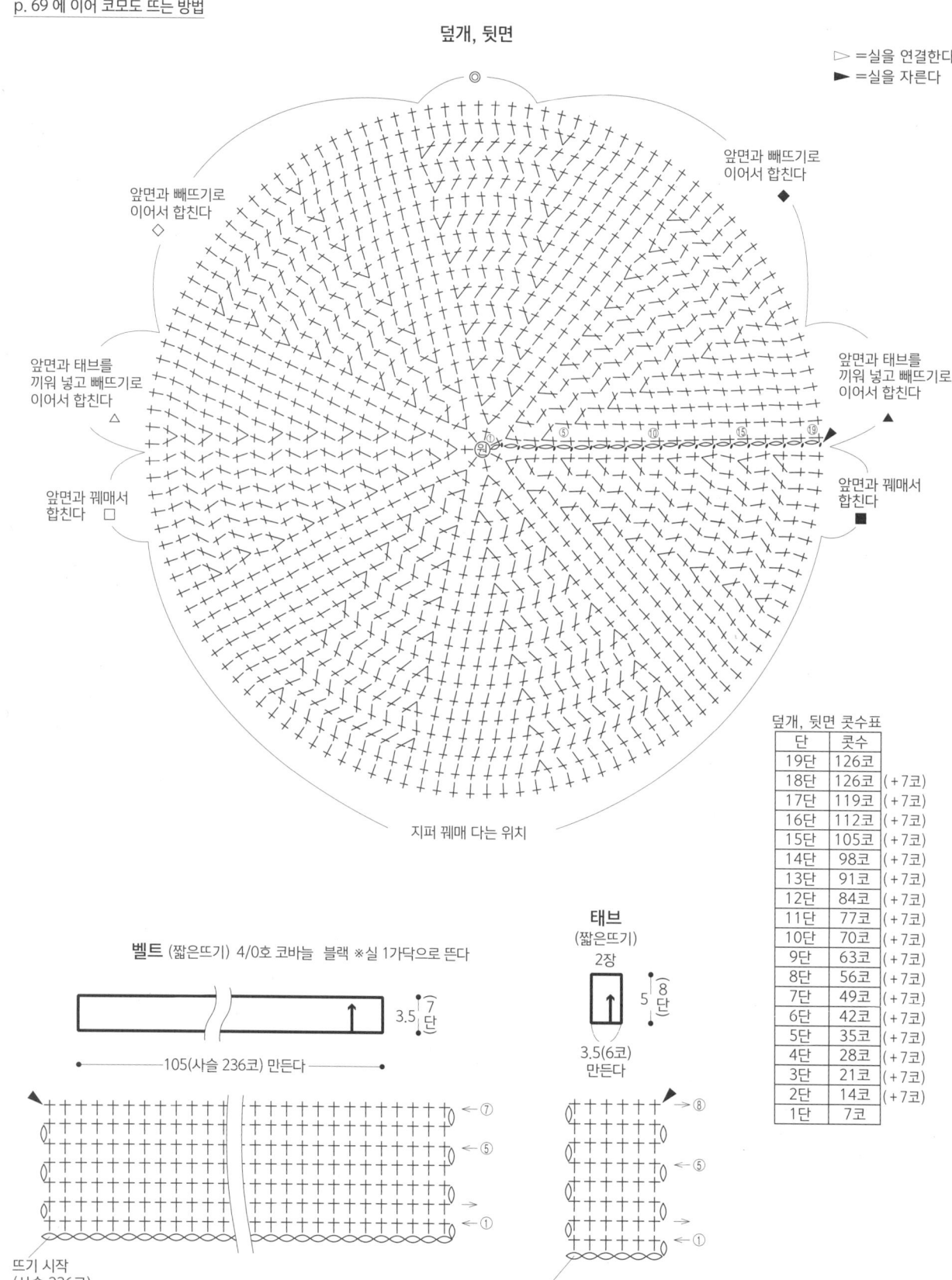

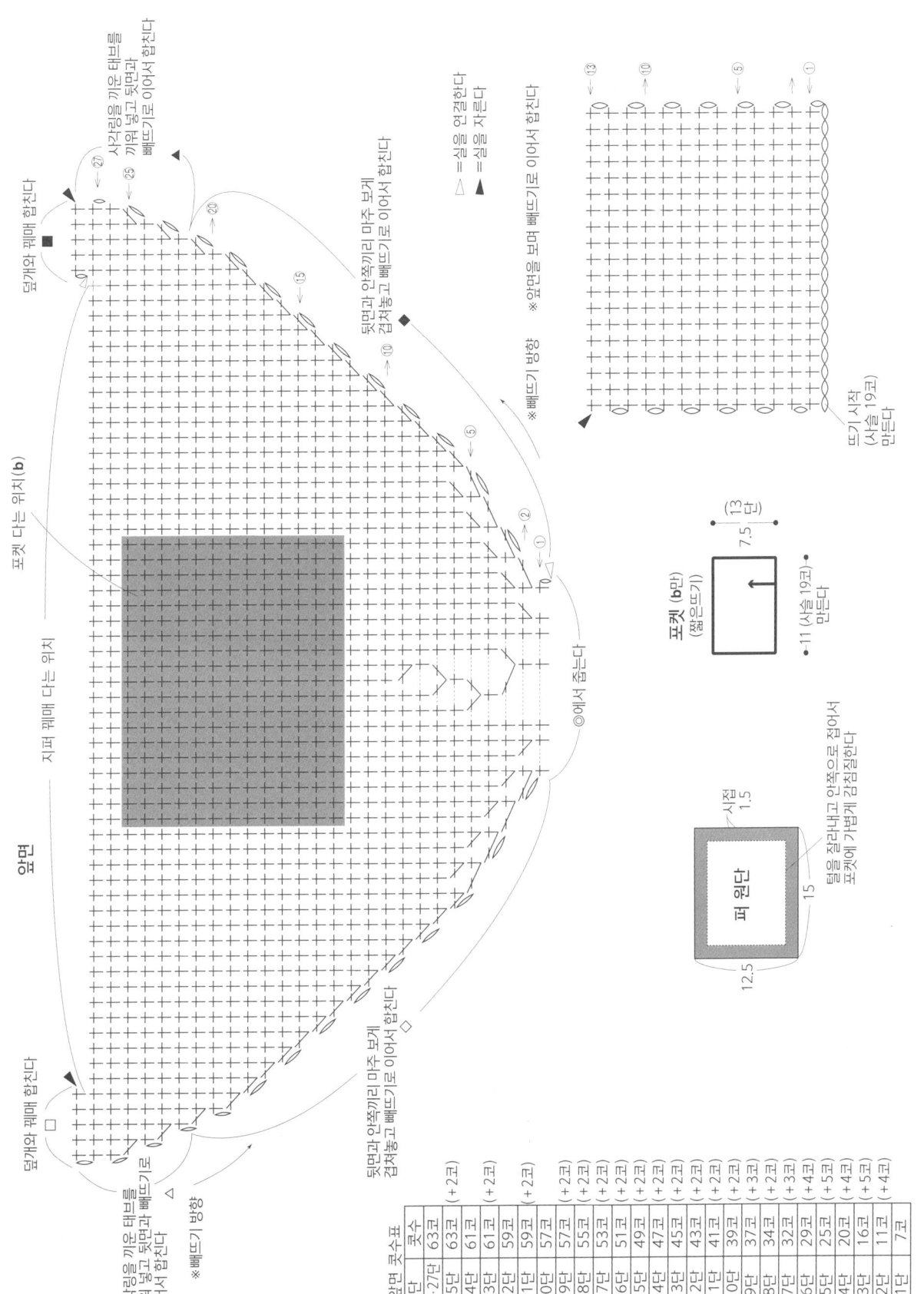

No.　see : p. 24

10　Armilla, Armilla Petite

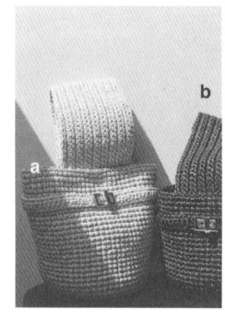

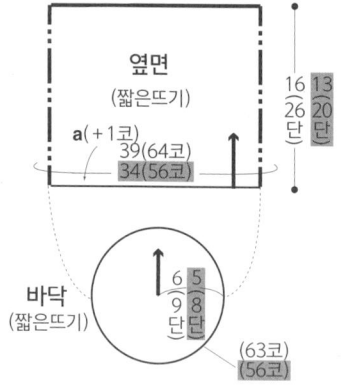

a의 치수와 콧수, 단수
b의 치수와 콧수, 단수
※설명이 하나뿐인 경우는 공통

※지정한 부분 이외에는
6/0호 코바늘로 뜬다

아밀라(a), 아밀라 프티(b)

재료와 도구
a / 하마나카 에코안다리아 베이지(23) 200g, 자석단추(지름 15mm, 꿰매 다는 타입) 1세트
b / 하마나카 에코안다리아 검은색(30) 150g
공통 / 메르헨아트 트위스트 잠금장식 골드(G1096) 1세트, 코바늘 6/0호, 7/0호

완성 치수
a / 폭 12cm 높이 16cm(손잡이 미포함)
b / 폭 10cm 높이 13cm(손잡이 미포함)

게이지
10cm×10cm 짧은뜨기 16코×16.5단

뜨는 방법 포인트
실은 전부 2가닥으로 뜬다.
● 바닥은 원형뜨기 시작코로 뜨기 시작해서 도안을 참조하여 콧수를 늘려가며 짧은뜨기로 지정한 단수만큼 뜬다.
● 옆면은 바닥에서 코를 주워 짧은뜨기로 뜬다.
● 손잡이는 7/0호 코바늘을 사용해 사슬뜨기로 시작코를 만들고 6/0호 코바늘로 바꿔서 짧은뜨기로 뜬다. 양끝은 짧은뜨기로 1단을 뜬다.
● 벨트는 7/0호 코바늘을 사용해 사슬뜨기로 시작코를 만들고 6/0호 코바늘로 바꿔서 짧은뜨기로 뜬다.
● 마무리 방법을 참조해서 완성한다.

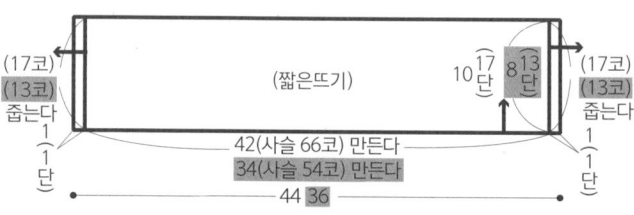

손잡이

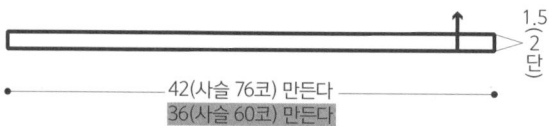

벨트 (짧은뜨기)

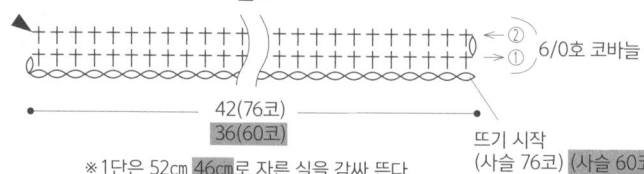

벨트

※1단은 52cm 46cm로 자른 실을 감싸 뜬다
(실끝은 양끝에서 빼놓는다)

뜨기 시작
(사슬 76코) (사슬 60코)
만든다 (7/0호 코바늘)

마무리 방법

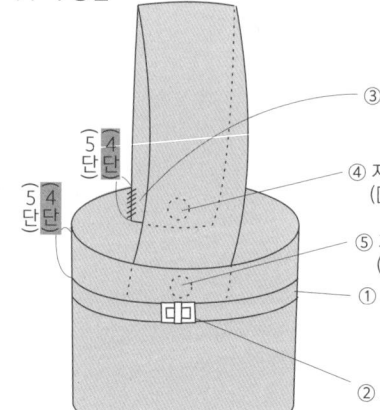

③ 손잡이를 감침질해서 연결한다
④ 자석단추를 손잡이 안쪽에 단다(a만) (凹) 다는 위치
⑤ 자석단추를 손잡이 안쪽에 단다(a만) (凸) 다는 위치
① 지정한 위치에 트위스트 잠금장식을 달 만큼 사이를 두고 벨트를 감침질해서 단다 (벨트 1단에서 감싸 뜬 실을 당겨가며 옆면의 길이에 맞춘다)
② 트위스트 잠금장식을 단다(p. 43 참조)

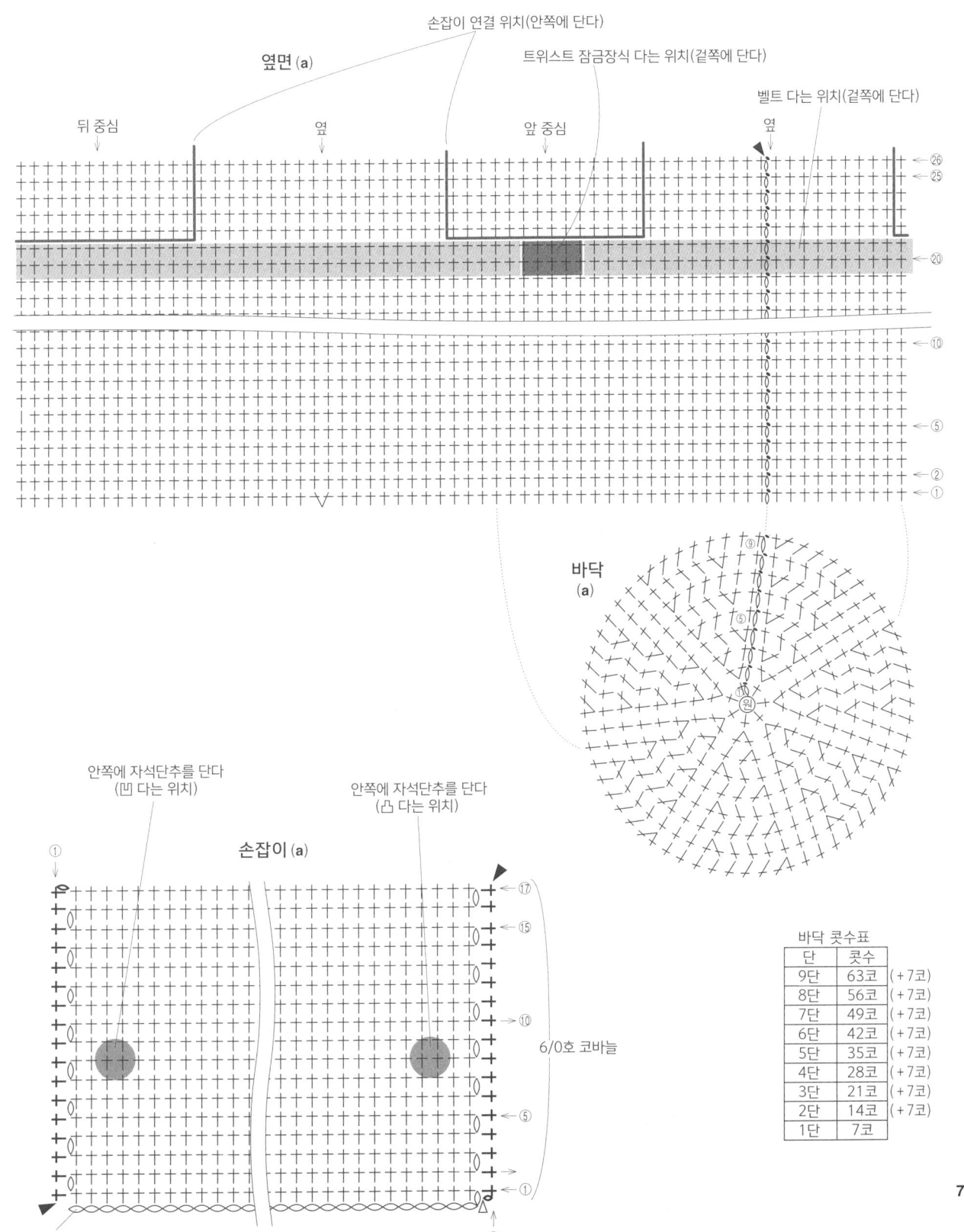

p. 73에 이어 아밀라 프티 뜨는 방법

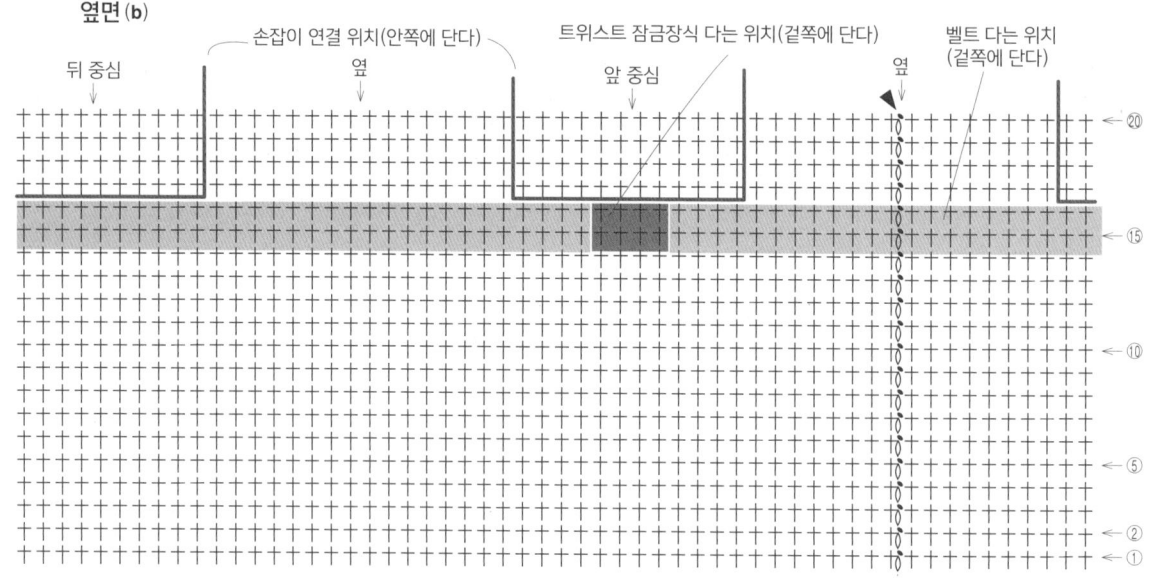

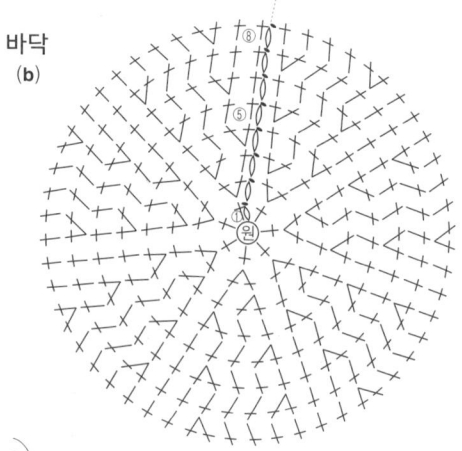

바닥 콧수표

단	콧수	
8단	56코	(+7코)
7단	49코	(+7코)
6단	42코	(+7코)
5단	35코	(+7코)
4단	28코	(+7코)
3단	21코	(+7코)
2단	14코	(+7코)
1단	7코	

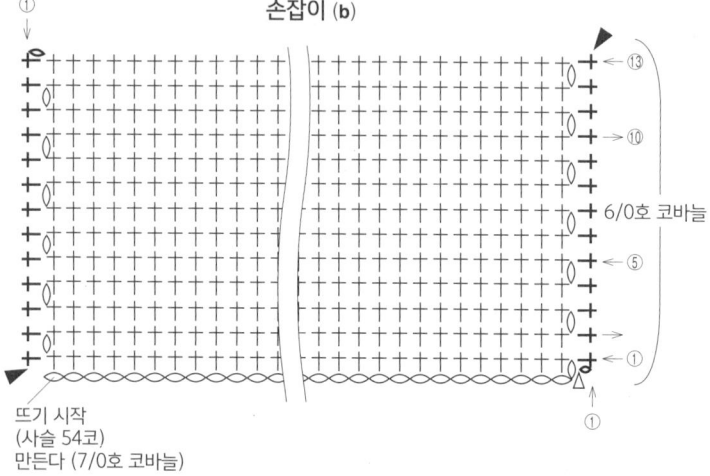

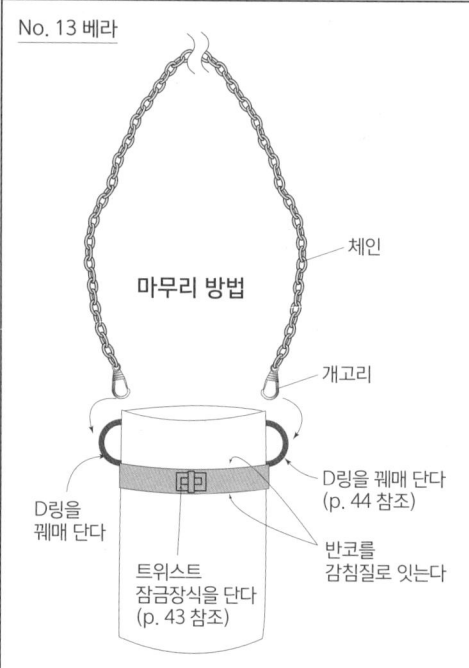

No. see : p. 30

13　Bera

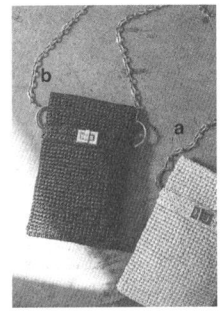

베라

재료와 도구
a / 하마나카 에코안다리아 베이지(23) 50g
b / 하마나카 에코안다리아 블랙(30) 50g
공통 / 메르헨아트 트위스트 잠금장식 골드(G1096) 1세트, 쓰노다쇼텐 양쪽 개고리가 달린 체인(120cm, 골드)(K112G) 1줄, 닛폰추코 D링(30mm, 골드)(S22-107) 2개, 코바늘 6/0호

완성 치수
폭 13cm 높이 20cm

게이지
10cm×10cm 짧은뜨기 18.5코×19.5단

뜨는 방법 포인트
● 본체는 사슬 24코로 시작코를 만들고 사슬코의 양쪽에서 코를 주워 도안을 참조하여 짧은뜨기로 39단을 원통 모양으로 뜬다.
● 벨트는 사슬 26코로 시작코를 만들어서 짧은뜨기로 4단을 뜬다. 도안을 참조해서 잠금장식을 다는 구멍을 만들어가며 뜬다.
● 지정한 위치에 벨트를 감침질해서 달고 트위스트 잠금장식을 단다.
● 지정한 위치에 D링을 꿰매 달고 체인을 연결하면 완성.

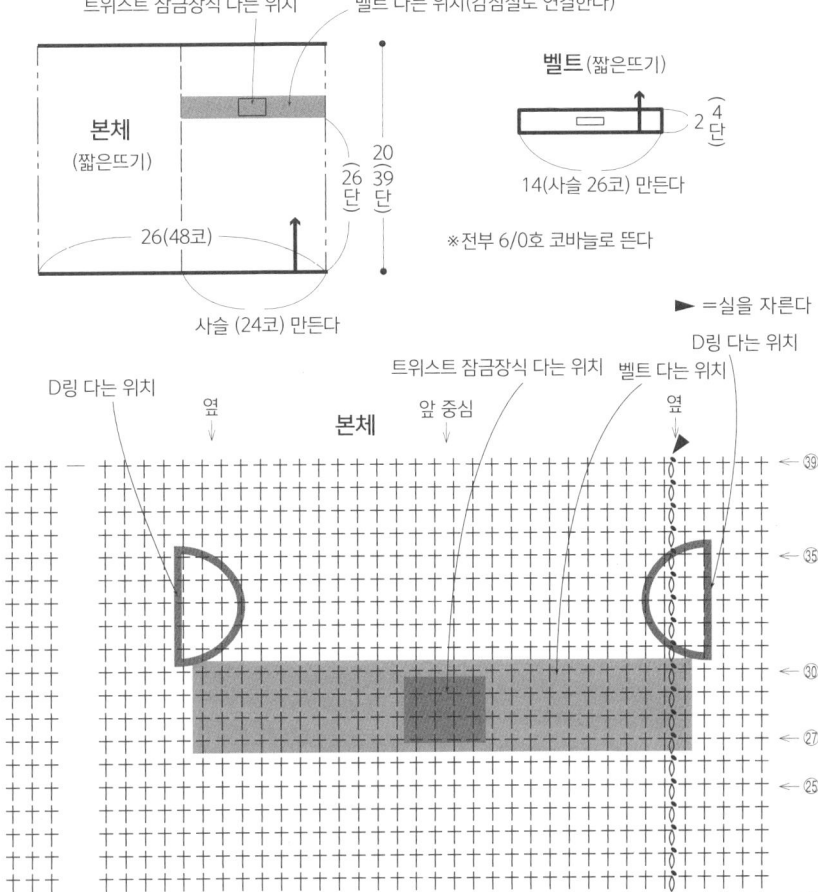

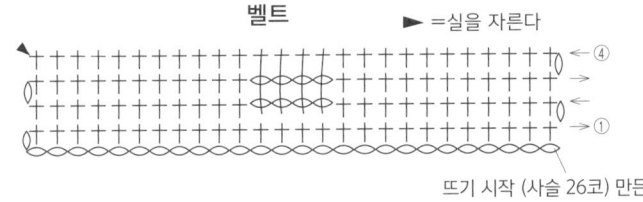

2단, 3단의 사슬코를 한꺼번에 주워서 짧은뜨기로 감싸 뜬다

No.　see : p. 26

11　Merenda

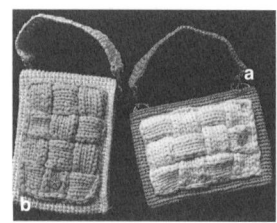

메렌다

재료와 도구
a / 다루마 사사와시 플랫 라이트브라운(103) 60g, 메르헨아트 이토모 에크루(1731) 55g, 코바늘 4/0호, 6/0호, 대바늘 14호

b / 퍼피 리피 아이보리(751) 65g, 메르헨아트 이토모 회색(1735) 55g, 코바늘 5/0호, 대바늘 14호

공통 / 닛폰추코 구슬 달린 지퍼(20cm, 골드)(#572 베이지) 1줄, 간다수예 스프링 개고리(30mm, 골드) 2개, D링(21mm, 골드) 3개, 장식단추 1개, 코바늘 10/0호

완성 치수
폭 21cm 높이 15.5cm(손잡이 미포함)

게이지
a / 10cm×10cm 짧은뜨기 20.5코×19.5단
b / 10cm×10cm 짧은뜨기 18코×17단

뜨는 방법 포인트
사용하는 실과 코바늘의 호수는 도안을 참조해서 뜬다.
● 본체는 사슬뜨기 시작코를 원형으로 만들어서 짧은뜨기로 지정한 단수만큼 뜬다. 겉쪽끼리 마주 보게 놓고 바닥 부분을 빼뜨기로 이어서 합친다.
● 장식은 사슬뜨기 시작코를 만든다. 그런 다음 ❶~❸은 사슬뜨기에서 6코씩 주워서 메리야스뜨기로 30단을 뜬다.
❹~❼은 같은 방법으로 6코씩 주워서 메리야스뜨기로 20단을 뜬다.
도안을 참조하여 이 장식을 서로 어긋나게 조합해서 지정한 위치에 빼뜨기로 합친다.
● 손잡이는 뜨기 시작 부분의 실을 5m 정도 남기고 도안을 참조해 떠서 마무리한다.
● 마무리 방법을 참조해서 각 부분을 하나로 합친다.

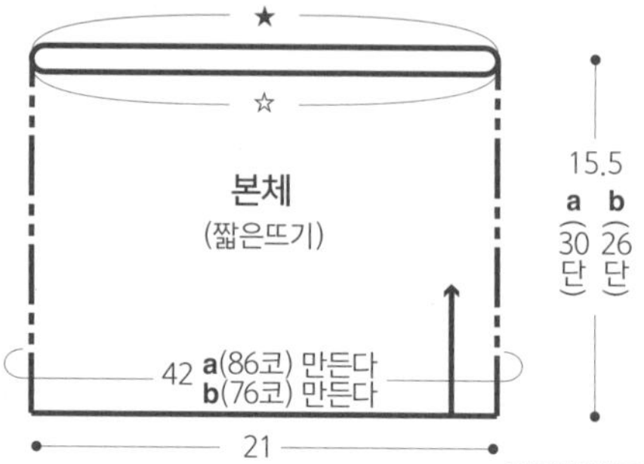

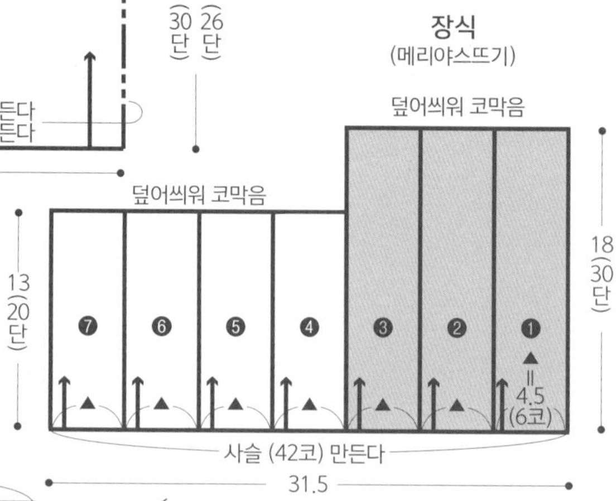

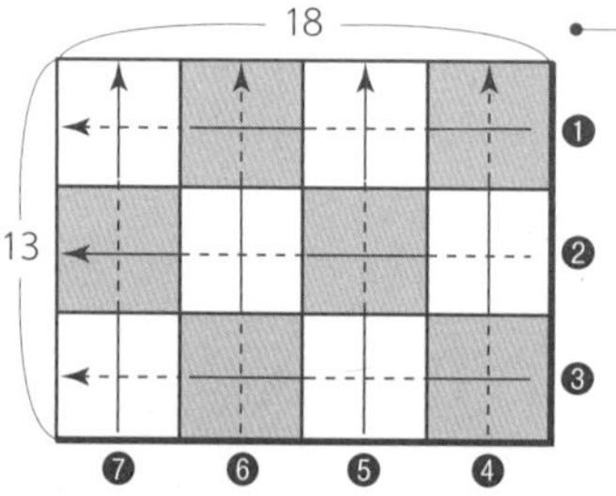

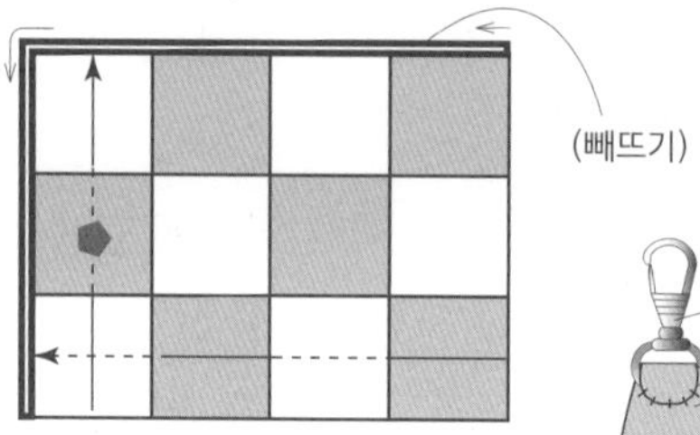

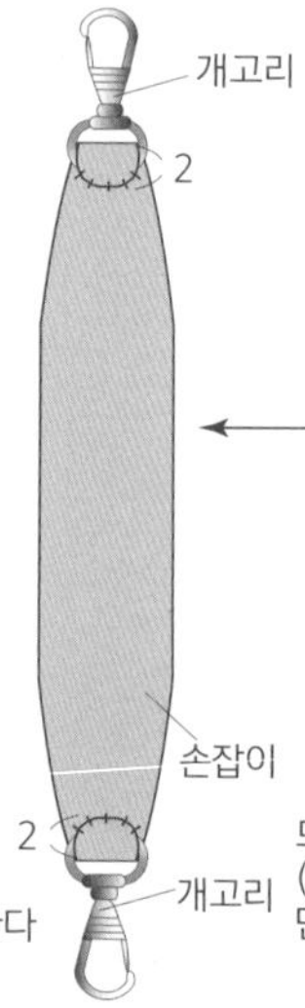

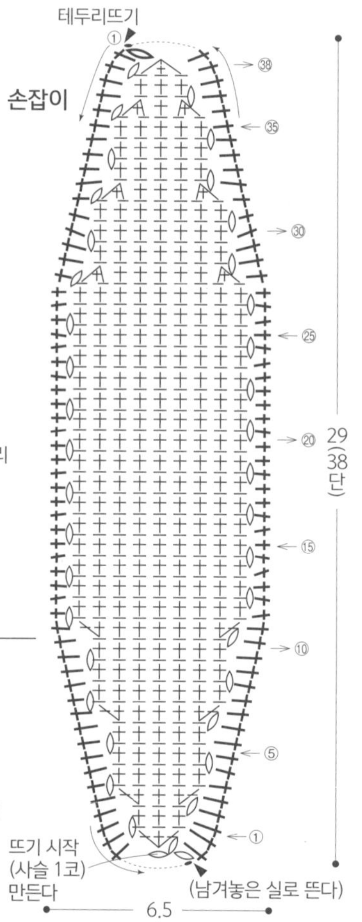

사용하는 실과 코바늘 호수		
	a	b
본체	라이트브라운, 4/0호 코바늘	아이보리(2가닥), 5/0호 코바늘
장식	에크루, 14호 대바늘, 10/0호 코바늘	회색, 14호 대바늘, 10/0호 코바늘
손잡이	라이트브라운(2가닥), 6/0호 코바늘	아이보리(2가닥), 5/0호 코바늘

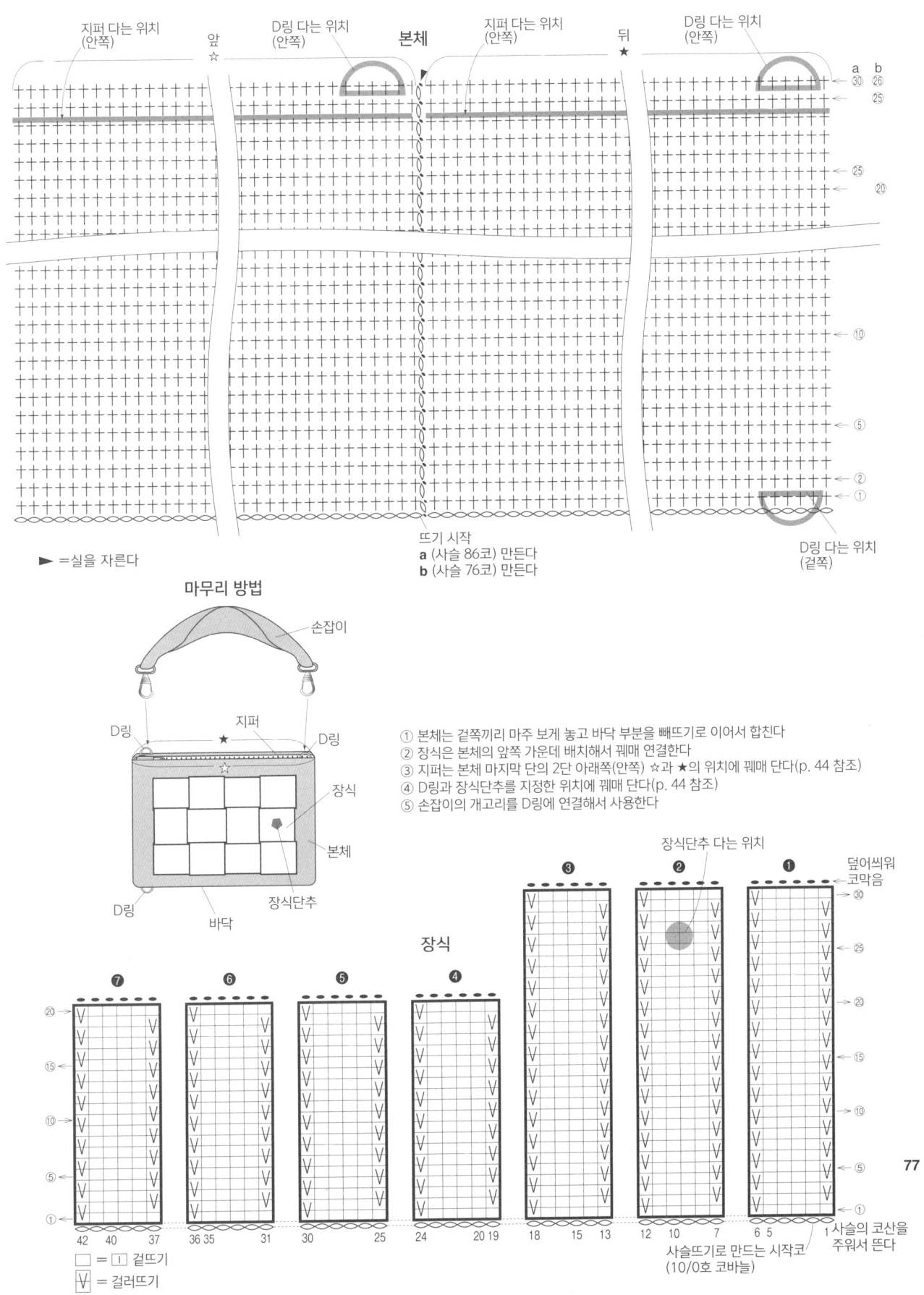

No. see : p. 28

12 Rantan

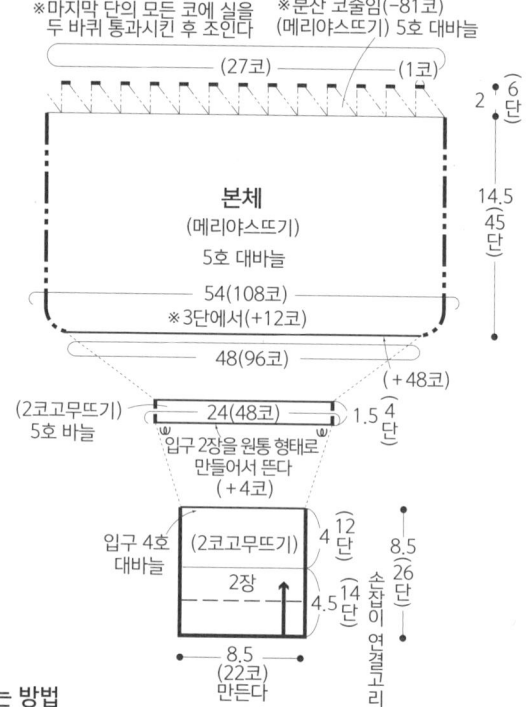

란탄

재료와 도구

a / 하마나카 루나몰 블루그레이(2) 100g

b / 하마나카 루나몰 검은색(10) 100g

공통 / 닛폰추코 대나무 손잡이(바깥지름 약 15cm)(KT202) 1세트, 장식단추 1개, 대바늘 4호, 5호(40cm짜리 줄바늘 또는 4개 1세트)

완성 치수

폭 27cm 높이 22cm(손잡이, 태슬 미포함)

게이지

10cm×10cm 메리야스뜨기 20코×31단

뜨는 방법 포인트

● 본체는 손가락에 실을 걸어 시작코를 만들어서 2코고무뜨기로 26단을 뜬다. 뜨개코가 느슨해지지 않도록 빡빡하게 뜬다. 2장을 뜨고 4개짜리 바늘에 이어 걸어서 원통 형태로 만든다. 지정한 위치에서 콧수를 늘려가며 2코고무뜨기로 4단을 뜬다. 그런 다음 콧수를 늘려가며 줄바늘을 사용해 메리야스뜨기로 45단을 뜬다. 분산 코줄임으로 6단을 뜬다. 마지막 단의 27코 전체에 실을 두 바퀴 통과시킨 후 조인다.

● 태슬은 만드는 방법을 참조해서 만든다.

● 마무리 방법을 참조해서 각 부분을 하나로 합친다.

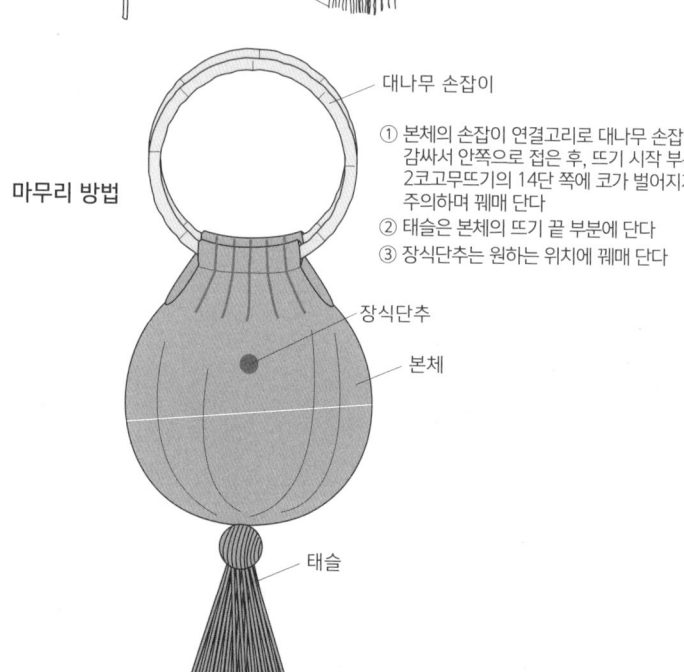

본체

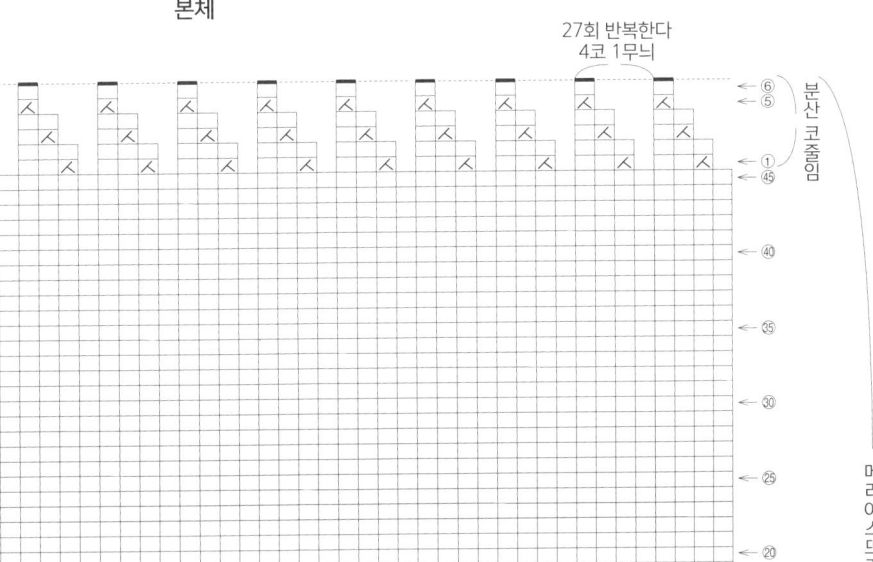

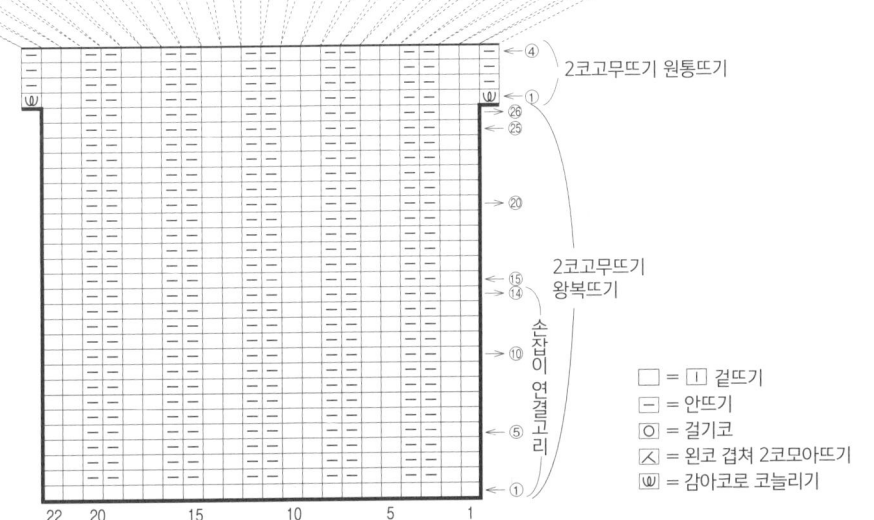

□ = ① 겉뜨기
− = 안뜨기
○ = 걸기코
人 = 왼코 겹쳐 2코모아뜨기
ω = 감아코로 코늘리기

79

No. 14　see : p. 32
Liberta

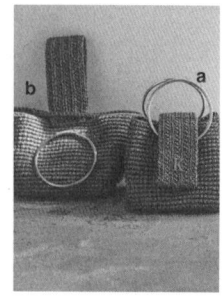

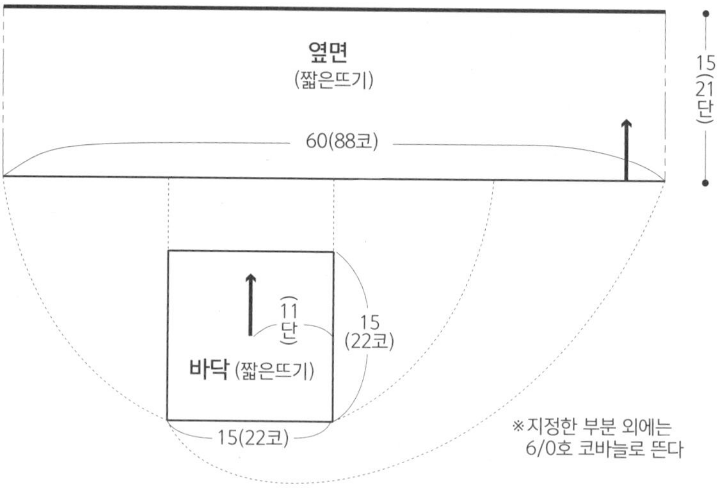

리베르타

재료와 도구
a / 다루마 사사와시 다크올리브(6) 210g, 닛폰추코 링 핸들(안지름 10cm, 골드)(SGM-RING100-G) 1세트, 개고리(16mm, 골드)(S27-34-G) 1개, D링(15mm, 골드)(S22-12) 1개, 이니셜 핀 1개

b / 다루마 사사와시 그린(14) 210g, 닛폰추코 링 핸들(안지름 10cm, 실버)(SGM-RING100-S) 1세트, 개고리(16mm, 실버)(S27-33-S) 1개, D링(15mm, 실버)(S22-9) 1개, 이니셜 핀 1개

공통 / 코바늘 6/0호, 7/0호

완성 치수
폭 15cm 높이 15cm(손잡이 미포함)

게이지
10cm×10cm 짧은뜨기 14.5코×14단

뜨는 방법 포인트
실은 전부 2가닥으로 뜬다.
● 바닥은 원형뜨기 시작코로 뜨기 시작해서 도안을 참조하여 콧수를 늘려가며 짧은뜨기와 한길긴뜨기로 지정한 콧수만큼 뜬다. 옆면은 바닥에서 코를 주워서 짧은뜨기로 뜬다. 링 핸들 다는 위치는 짧은뜨기 이랑뜨기로 뜬다.
● 플랩은 사슬 50코로 시작코를 만들어 뜨기 시작해서 2단부터 짧은뜨기 무늬뜨기로 뜬다. 반으로 접어서 양끝을 짧은뜨기로 합친다.
● 플랩 스토퍼는 7/0호 코바늘을 사용해서 사슬 21코로 시작코를 만들고, 6/0호 코바늘로 바꿔서 사슬의 코산을 주워 빼뜨기하는 이중 사슬뜨기로 뜬다.
● 마무리 방법을 참조해서 완성한다.

옆면 (짧은뜨기) — 60(88코) — 15(21단)

바닥 (짧은뜨기) — 11단 — 15(22코) — 15(22코)

※ 지정한 부분 외에는 6/0호 코바늘로 뜬다

플랩 (짧은뜨기 무늬뜨기) — 35(사슬 50코) 만든다 — 6(8단)

반으로 접어 2장을 겹쳐서 짧은뜨기한다

뜨기 시작 (사슬 50코) 만든다

†=짧은뜨기 무늬뜨기 (겉단과 안단 모두 아랫단 짧은뜨기 코머리의 앞쪽 반코를 주워서 뜬다)

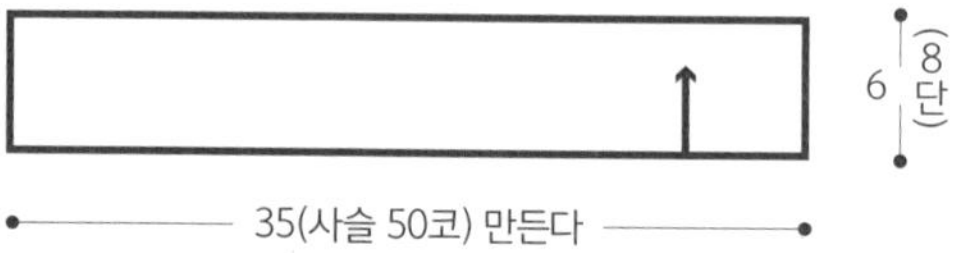

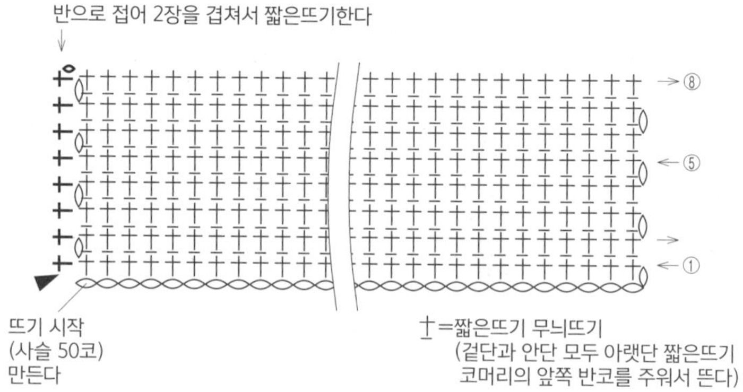

플랩 스토퍼 (이중 사슬뜨기) — 14(사슬 21코) — 6/0호 코바늘 ← 7/0호 코바늘 — 본체에 연결하는 위치

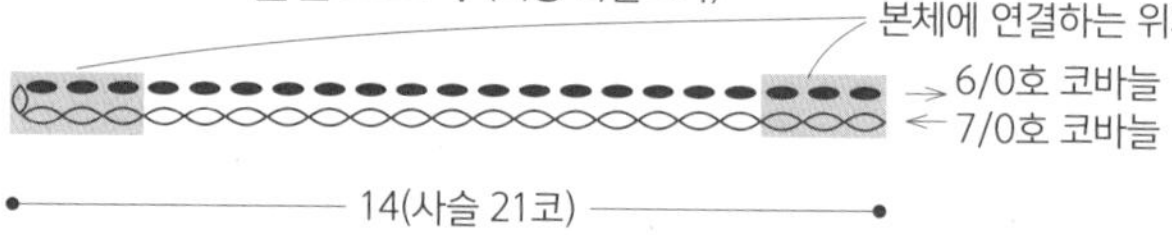

마무리 방법
⑤ 플랩의 원하는 위치에 이니셜 핀을 단다
③ D링과 개고리를 단다(p. 44 참조)
① 플랩의 짧은뜨기 부분을 지정한 위치에 꿰매 연결한다
② 플랩 스토퍼를 감침질해서 연결한다(안쪽)
④ 링 핸들을 단다(17단과 18단의 이랑 사이에 링 핸들을 끼워 넣고 이랑 부분의 코를 주워서 블랭킷스티치(p. 44 참조)로 합친다)

※ 블랭킷스티치는 이랑뜨기 1코마다 3땀씩 스티치한다

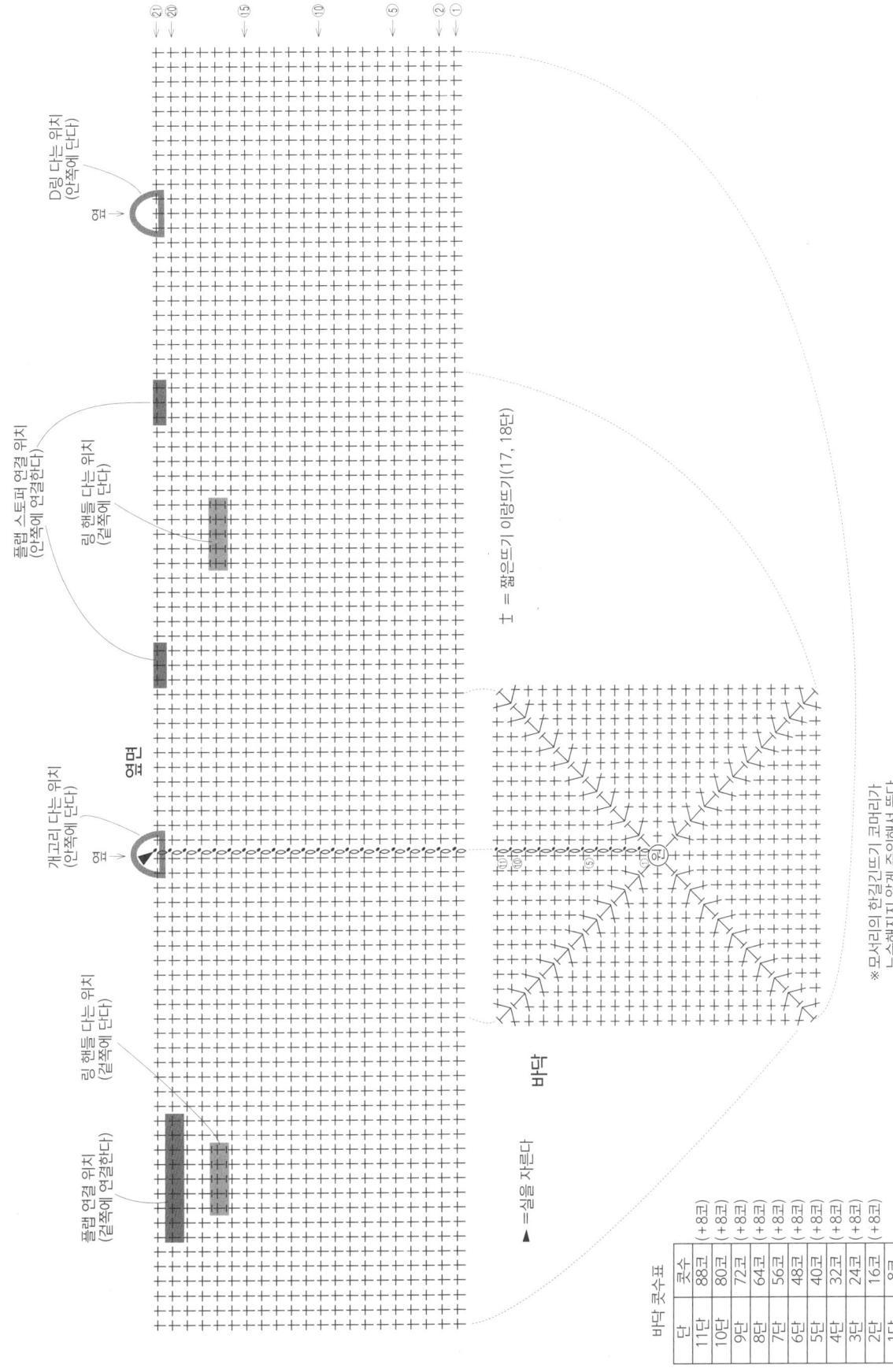

No.　see : p. 34

15　Satis

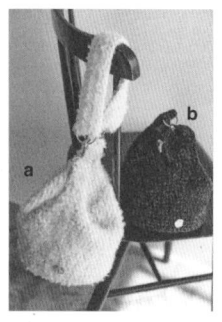

사티스

재료와 도구

a / 다루마 루프 흰색(1) 140g, 메르헨아트 마닐라헴프사 화이트(500) 70g, 닛폰추코 구슬 달린 지퍼(20㎝, 골드)(#576, 그레이) 1줄

b / 하마나카 루나몰 다크그레이(15) 205g, 닛폰추코 구슬 달린 지퍼(20㎝, 골드)(#580, 검은색) 1줄

공통 / 하마나카 가죽 바닥판(원형, 지름 15.6㎝, 구멍 48개)(H204-596-2) 검은색 1장, 닛폰추코 D링(30㎜, 골드)(S22-107) 2개, 간다수예 스프링 개고리(30㎜, 골드) 2개, 장식단추 1개, 코바늘 8/0호

완성 치수

폭 30㎝ 높이 18.5㎝(손잡이 미포함)

게이지

10㎝×10㎝ 짧은뜨기 12코×13단

뜨는 방법 포인트

실은 전부 2가닥으로 뜬다.

● 옆면은 가죽 바닥판에서 코를 주워 1단을 48코 뜨고 2단에서 60코로 콧수를 늘려가며 뜬다. 도안을 참조해서 단마다 1코씩 콧수를 늘려가며 짧은뜨기로 22단까지 뜬다. 기호 도안을 참조해서 23, 24단을 뜨고 실을 자른다.

● 지정한 위치에 태브를 꿰매 단다.

● 벨트는 사슬 44코로 시작코를 만들고 짧은뜨기로 뜬다.

● 마무리 방법을 참조해서 각 부분을 지정한 위치에 연결한다.

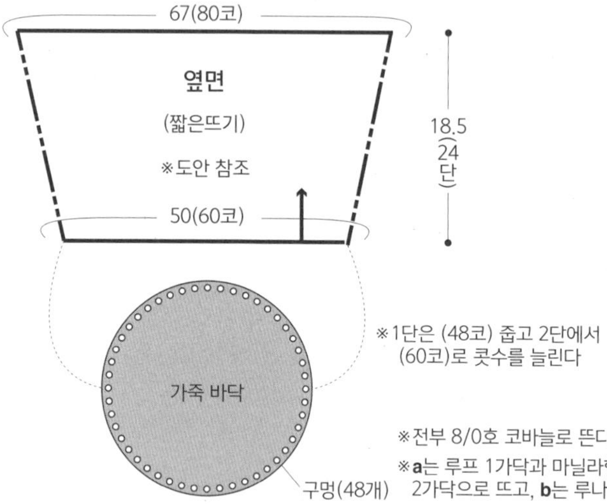

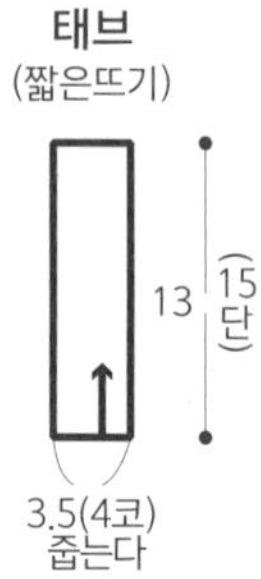

옆면 (짧은뜨기) 67(80코) / 50(60코) / 18.5 (24단)
※도안 참조

태브 (짧은뜨기) 13 (15단) / 3.5(4코) 줄인다

가죽 바닥 구멍(48개)

※1단은 (48코) 줍고 2단에서 (60코)로 콧수를 늘린다
※전부 8/0호 코바늘로 뜬다.
※**a**는 루프 1가닥과 마닐라헴프사 1가닥을 겹쳐서 2가닥으로 뜨고, **b**는 루나몰 2가닥으로 뜬다.

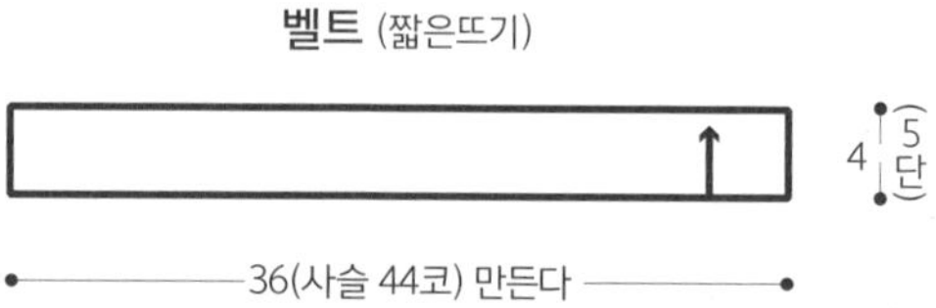

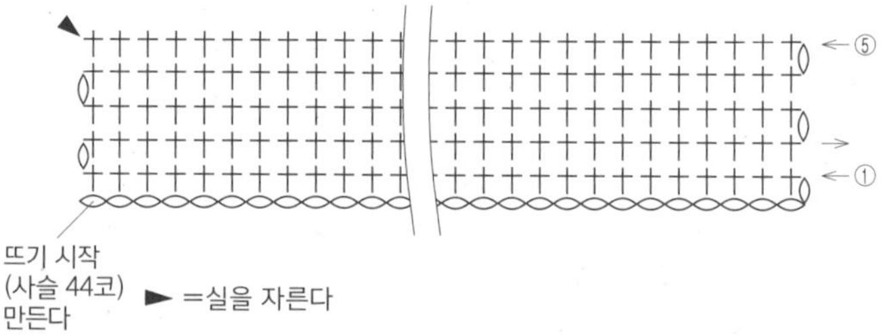

벨트 (짧은뜨기) 36(사슬 44코) 만든다 / 4 (5단)

뜨기 시작 (사슬 44코) 만든다　▶ =실을 자른다

① 벨트의 양끝에 D링과 개고리를 끼워서 감침질한다

마무리 방법

③ 태브를 옆면에 홈질로 연결한다
② 4.5㎝를 안쪽으로 접어서 D링, 개고리를 사이에 끼워 넣는다
입구 가장자리에 지퍼를 다는 부분으로 22㎝를 남겨놓는다
원하는 위치에 장식단추를 단다
(5코) / (5코)
④ 옆면의 입구를 태브에 홈질한다
⑤ 지퍼를 입구에 꿰매 단다 (p. 44 참조)

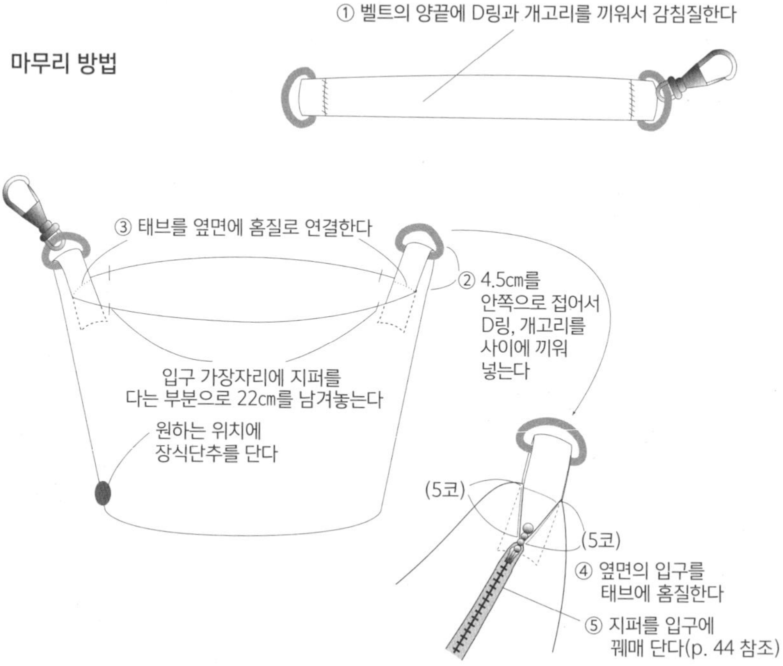

※**a**는 마닐라헴프사 1가닥으로 마무리한다(①, ③, ④)

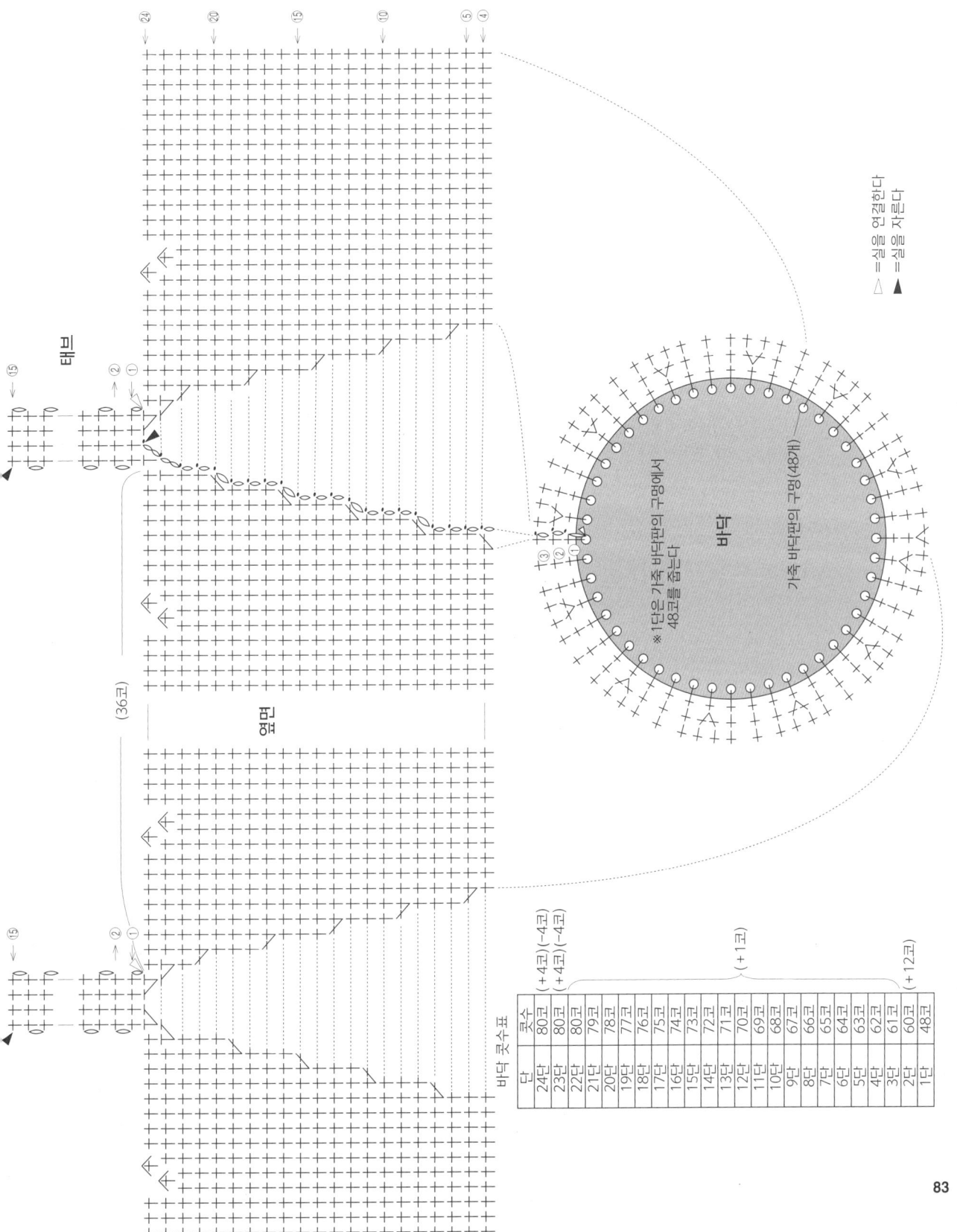

16 Droit

see : p. 36 드루아

재료와 도구
다루마 수방적풍 탬사 주황색(17) 425g, 대바늘 15호, 6호(40cm짜리 줄바늘 또는 4개 1세트)

완성 치수
총길이 41.5cm 소매길이(목 뒤 중심에서 소매 끝까지의 길이) 92.5cm

게이지
10cm×10cm 메리야스뜨기 13코×16단 (15호 대바늘)

뜨는 방법 포인트
- 별도의 사슬뜨기로 시작코를 만들어 뜨기 시작해서 메리야스뜨기로 110단을 뜬다. 111단부터는 뒤쪽 57코를 쉼코로 두고 앞쪽 51코를 40단 뜬 후 쉼코로 둔다. 실을 연결해서 3코를 덮어씌워 코막음하고 뒤쪽의 54코를 40단 뜬다. 뜨기 끝 부분은 쉼코로 둔다. 앞쪽 뜨기 끝 부분의 실로 계속 떠서 51코를 뜨고 나면 감아코로 코늘리기로 3코를 만들고 뒤쪽의 54코를 이어서 110단을 뜬다.
- 콧수를 일정하게 줄여서 소매 입구를 1코 고무뜨기로 뜬다. 뜨기 끝 부분은 덮어씌워 코막음한다. 시작코의 사슬을 풀어서 코를 줍고 반대쪽 소매 입구를 같은 방법으로 콧수를 줄여서 1코고무뜨기로 뜬다.
- 뒤쪽에서 쉼코로 남겨놓은 실을 사용해 목둘레선에서 코를 줍고 1코고무뜨기를 원통 모양으로 6단 뜬다. 뜨기 끝 부분은 겉뜨기하며 덮어씌워 코막음한다.
- 소매 밑부분의 지정한 위치의 실을 떠올려 이어서 마무리한다.

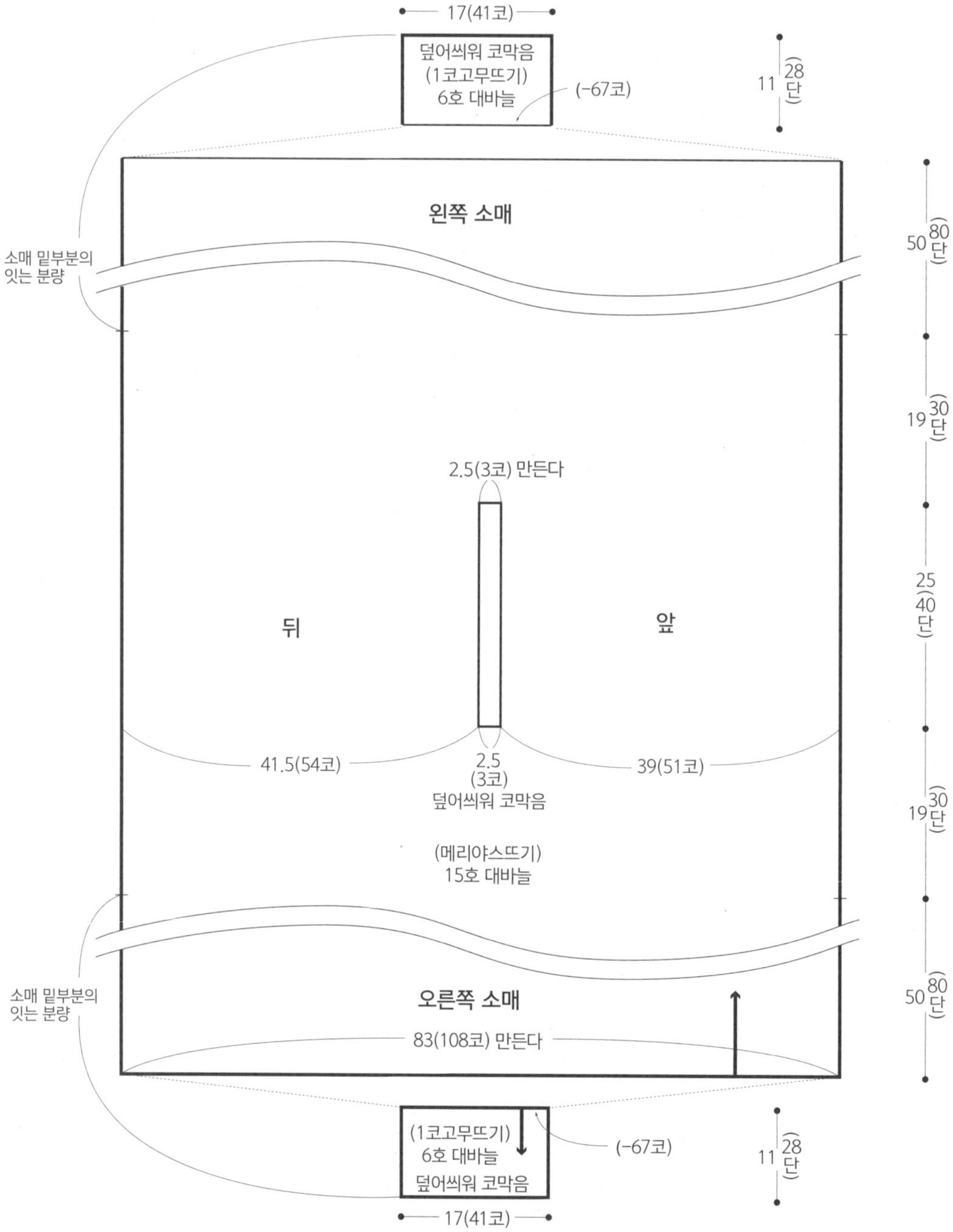

17(41코)

덮어씌워 코막음
(1코고무뜨기)
6호 대바늘
(-67코)

11(28단)

왼쪽 소매

소매 밑부분의 잇는 분량

50(80단)

19(30단)

2.5(3코) 만든다

뒤 앞

25(40단)

41.5(54코)   2.5(3코) 덮어씌워 코막음   39(51코)

(메리야스뜨기)
15호 대바늘

19(30단)

오른쪽 소매

소매 밑부분의 잇는 분량

50(80단)

83(108코) 만든다

(1코고무뜨기)
6호 대바늘
덮어씌워 코막음
(-67코)

11(28단)

17(41코)

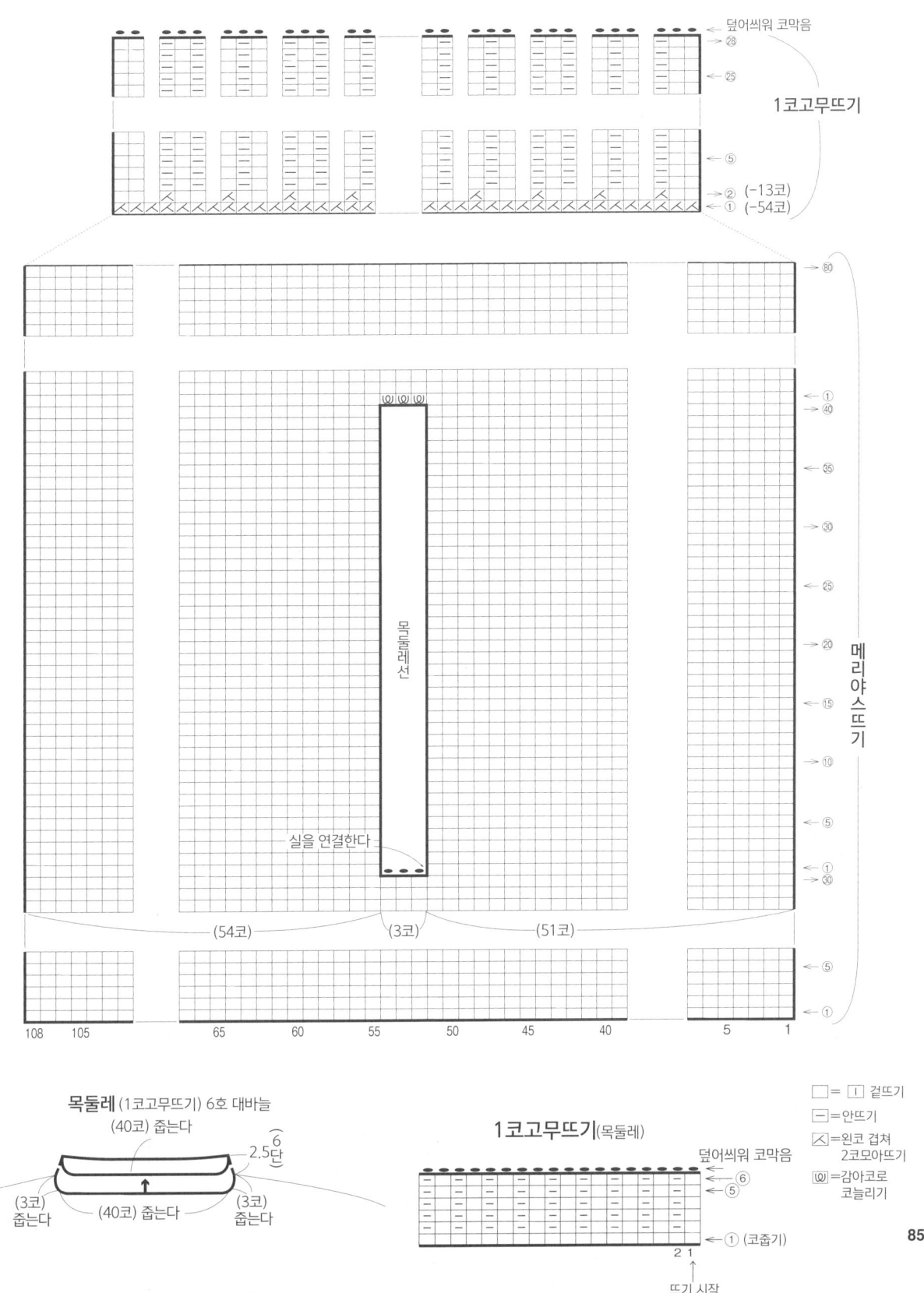

No. see : p. 38

17   Merveille

메르베유

재료와 도구
퍼피 유리카 모헤어 다크그레이(308) 265g, 실버그레이(312) 265g
대바늘 12호, 10호, 코바늘 7/0호

완성 치수
폭 40cm 길이 200cm

게이지
10cm×10cm 메리야스뜨기 15코×20.5단

뜨는 방법 포인트
● 숄은 실버그레이를 사용해서 손가락에 실을 걸어 만드는 시작코로 120코를 만든다. 2단부터 실을 세로로 걸치는 방법(p. 45 참조)을 이용해 실을 바꿔가며 메리야스뜨기로 410단을 뜬다. 색이 달라지는 부분은 실을 단단히 교차시켜서 느슨해지지 않게 뜬다. 길이는 취향에 따라 조절한다. 숄의 마무리 방법을 참조해서 마무리한다.
● 벨트는 실버그레이를 사용해서 손가락에 실을 걸어 만드는 시작코로 88코를 만든다. 2단부터 실을 세로로 걸치는 방법을 이용해 실을 바꿔서 1코고무뜨기로 58단을 뜬다. 벨트 마무리 방법을 참조해서 마무리한다.
● 마무리 방법을 참조해서 벨트와 숄을 하나로 합친다.

숄 (메리야스뜨기) 12호 대바늘

숄의 마무리 방법
① 겉쪽끼리 마주 보게 접고 ◎끼리 빼뜨기로 이어서 합친다(실버그레이)
② ①을 겉쪽으로 뒤집어서 시작코 쪽과 뜨기 끝 부분의 뜨개바탕을 각각 겹친 상태(★끼리, ☆끼리)에서 짧은뜨기한다(실버그레이)

벨트 (1코고무뜨기) 10호 대바늘

마무리 방법

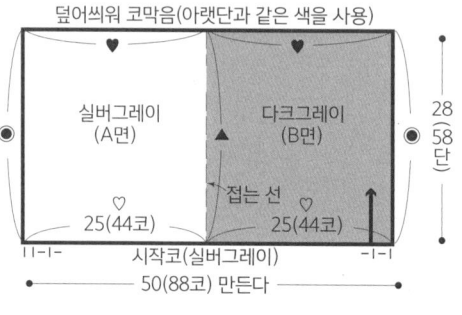

벨트 마무리 방법
① 겉쪽끼리 마주 보게 접고 ●끼리 빼뜨기로 이어서 합친다(실버그레이)
② 겉쪽으로 뒤집고 시작코 쪽은 뜨개바탕을 겹친 상태(♡끼리)에서 짧은뜨기한다(실버그레이)
뜨기 끝 부분은 ♥끼리 실을 떠 올려 이어서 합친다(실버그레이)

① 숄과 벨트는 각각 도안을 참조해서 마무리한다
② 벨트의 ●와 ▲는 숄의 지정한 위치에 실을 떠 올려 이어서 합친다(p. 46 참조)

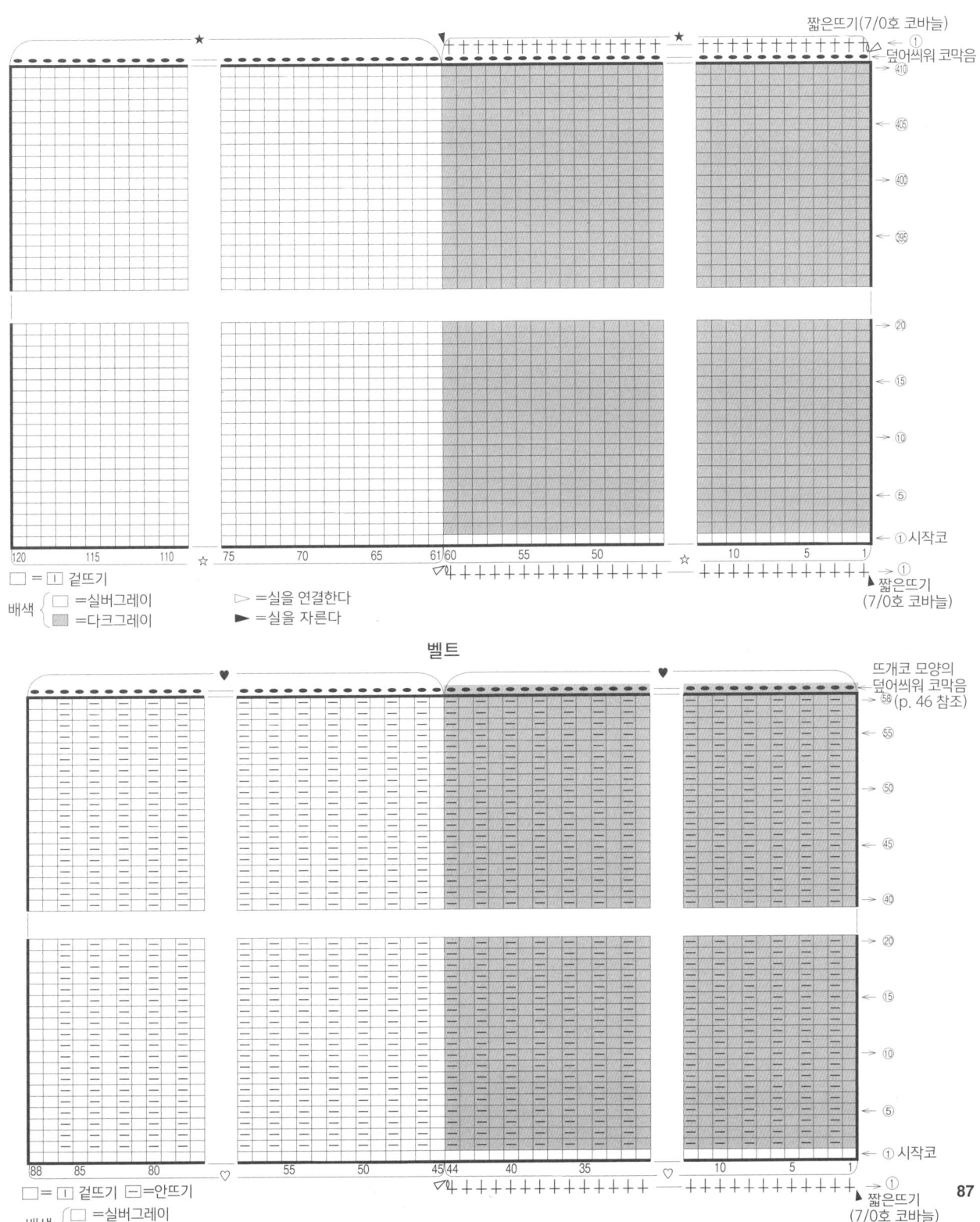

No. see : p. 40

18　Cuore, N-frame

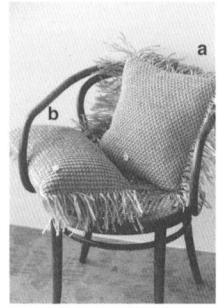

쿠오레(a), 엔프레임(b)

재료와 도구
a / 메르헨아트 마닐라헴프사 스트로
(507) 220g, 35㎝짜리 지퍼 1줄
b / 메르헨아트 마닐라헴프사 스트로
(507) 240g, 40㎝짜리 지퍼 1줄
공통 / 장식단추 1개, 코바늘 6/0호

완성 치수
a / 40㎝×40㎝
b / 50㎝×30㎝

게이지
10㎝×10㎝ 무늬뜨기A 16코×11.5단,
무늬뜨기B 18코×20단

뜨는 방법 포인트
● 본체는 사슬뜨기로 시작코를 만든 후 앞면은 사슬의 코산을 줍고 뒷면은 사슬의 나머지 반코를 주워서 도안을 참조하여 무늬뜨기A 또는 B로 지정한 단수만큼 뜬다.
● 뜨기 끝 부분의 양끝은 **a**는 2.5㎝, **b**는 5㎝를 꿰매고 입구에 지퍼를 꿰매 단다.
● 지정한 위치에 프린지를 달고 앞면에 장식단추를 꿰매 달아 완성한다.

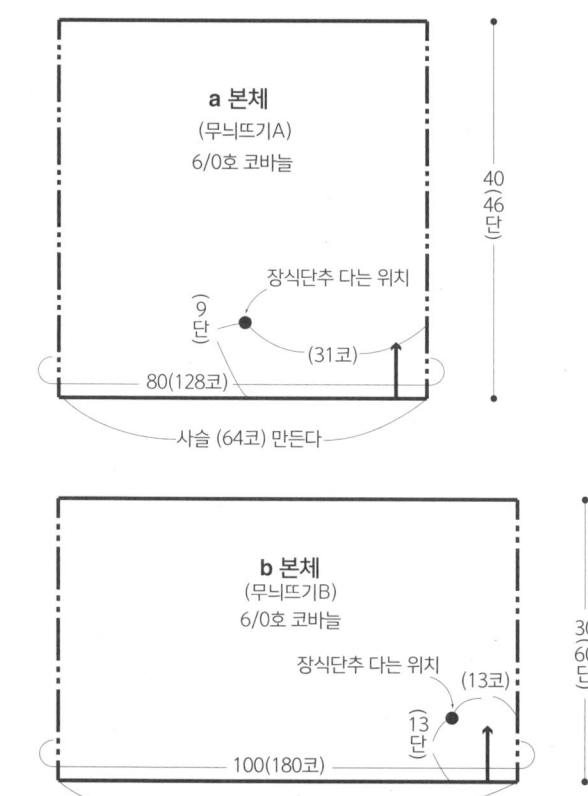

프린지 다는 방법

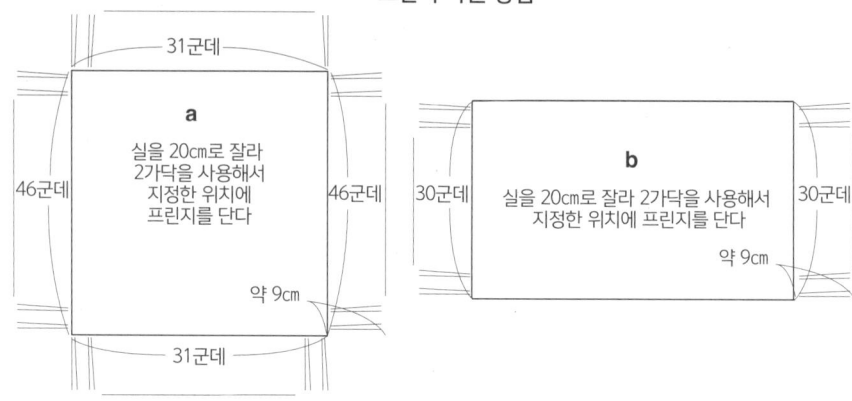

마무리 방법

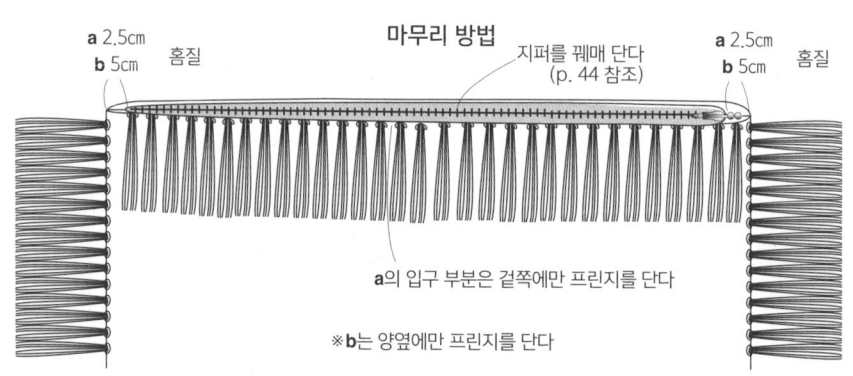

a의 입구 부분은 겉쪽에만 프린지를 단다

※**b**는 양옆에만 프린지를 단다

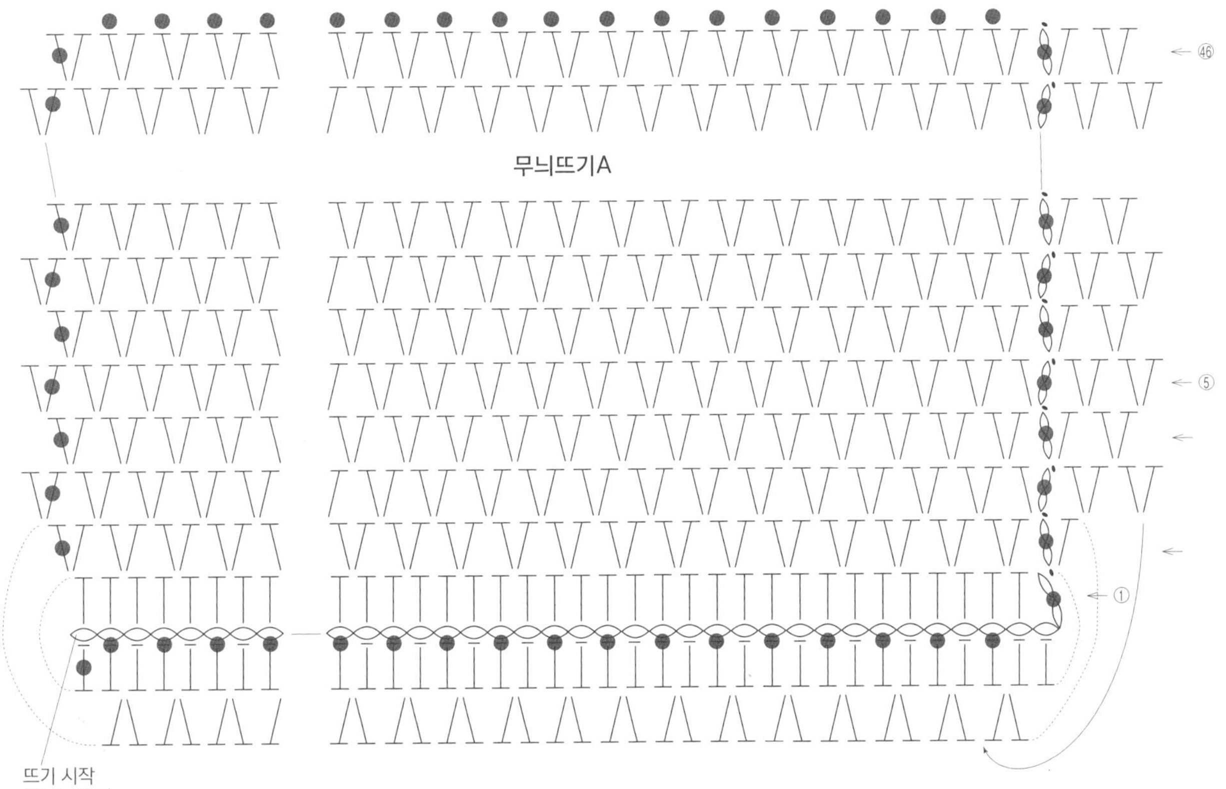

무늬뜨기A

뜨기 시작
(사슬 64코)
만든다

I = 시작코 사슬의 뒤쪽 반코를 주워서 한길긴뜨기한다

● = 프린지 다는 위치
시작코 쪽은 시작코 사슬의 나머지 반코에 프린지를 단다

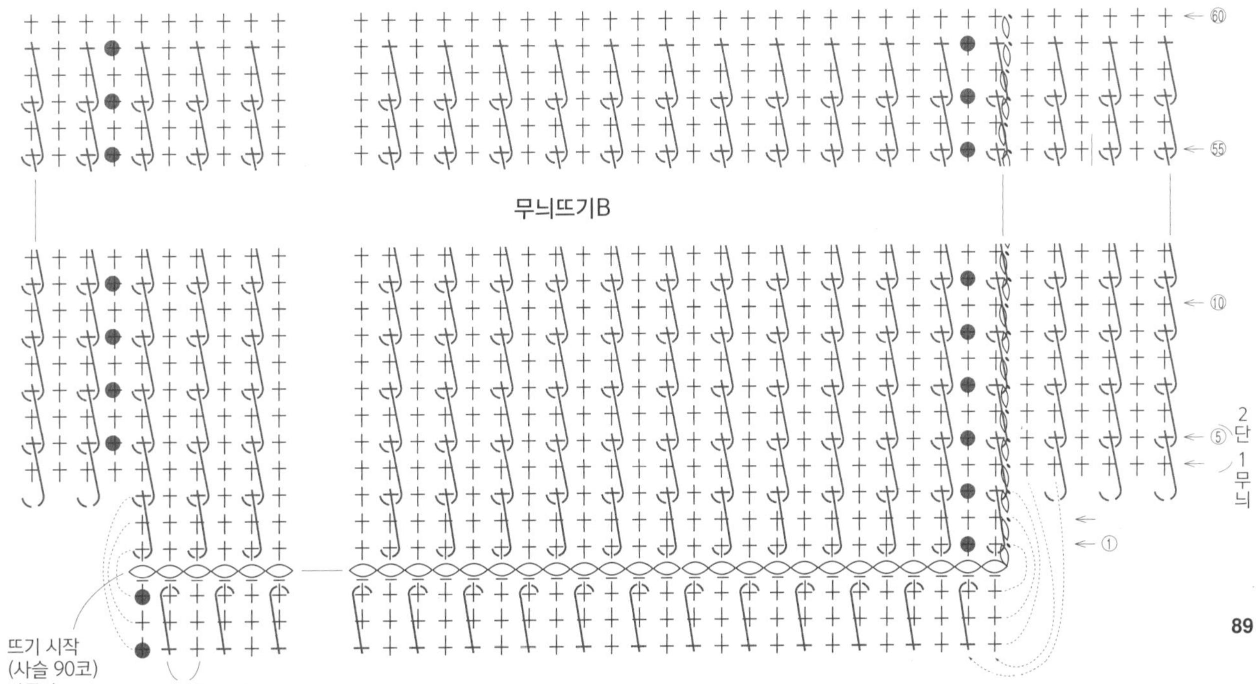

무늬뜨기B

뜨기 시작
(사슬 90코)
만든다

1무늬

= 2단 아래의 짧은뜨기를 짧은뜨기 앞걸어뜨기한다

= 시작코 사슬의 뒤쪽 반코를 주워서 짧은뜨기한다

Basic Technique Guide 코바늘뜨기 · 대바늘뜨기의 기초

코바늘뜨기

● 사슬뜨기

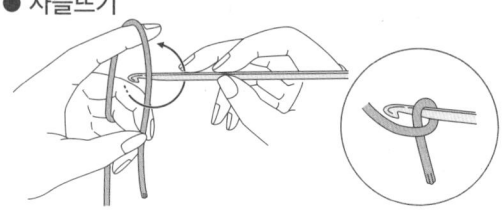  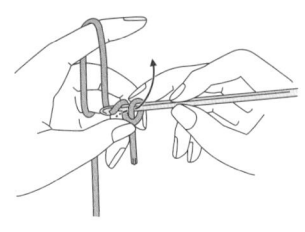

1 코바늘을 실 뒤쪽에 대고 화살표 방향으로 돌려서 바늘 끝에 실을 감습니다.

2 실이 교차된 부분을 엄지와 중지로 눌러서 고리를 만들고 실을 바늘 끝에 겁니다. (엄지와 중지로 누른다)

3 바늘에 건 실을 고리 안으로 빼냅니다.

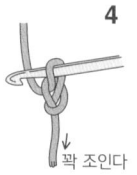 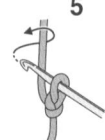 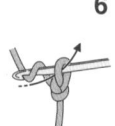 

4 실끝을 꽉 조이자 첫 번째 사슬코가 완성되었습니다. 이 코는 1코로 세지 않습니다. (꽉 조인다)

5 화살표 방향으로 실을 겁니다.

6 바늘에 걸린 고리 안으로 실을 빼냅니다.

7 사슬 1코가 완성되었습니다. 5, 6을 반복해서 필요한 콧수만큼 사슬을 뜹니다. (사슬 1코)

● 사슬뜨기로 시작코 만들기와 코 줍는 방법

겉쪽

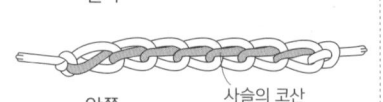
안쪽 / 사슬의 코산

사슬에는 겉쪽과 안쪽이 있습니다.

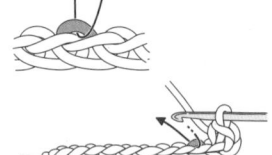
사슬의 코산을 줍는다

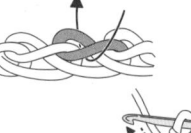
사슬의 반코와 사슬 코산을 줍는다

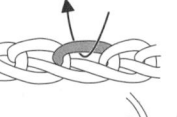 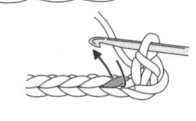
사슬의 반코를 줍는다

일반적인 사슬의 코산을 줍는 방법으로 사슬의 겉쪽이 남아 깔끔해 보입니다. 특별한 지시가 없는 경우에는 이 방법으로 코를 줍습니다.

실 2가닥을 주우므로 튼튼하고 안정감이 있습니다. 성긴 무늬나 가는 실로 뜰 때 사용합니다.

잘 늘어나서 불안정한 방법이지만 시작코에 신축성이 있어야 할 때나 시작코 양쪽에서 코를 주워야 할 때 사용합니다.

● 사슬뜨기 시작코를 원형으로 만든다

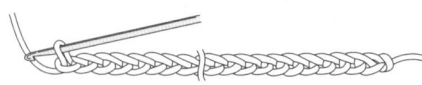

1 필요한 콧수만큼 사슬뜨기 합니다.

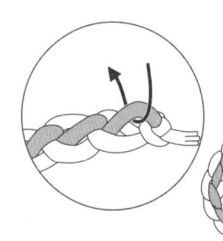 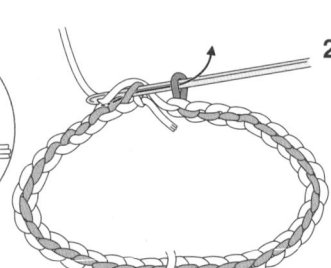

2 사슬이 꼬이지 않게 합니다. 사슬 첫 코의 코산에 코바늘을 넣어 실을 빼서 사슬을 원형으로 만듭니다.

● 원형뜨기 시작코

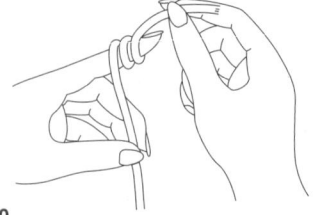 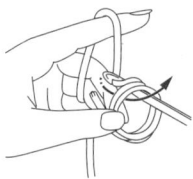 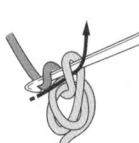 

1 실끝을 검지에 두 번 감습니다.

2 감은 실이 흐트러지지 않게 교차점을 누릅니다. 고리 안에 바늘을 넣어 실을 빼냅니다.

3 다시 실을 걸어서 빼냅니다.

4 원형 시작코에 시작 부분의 실이 생겼습니다. 이 코는 1코로 세지 않습니다.

● 빼뜨기

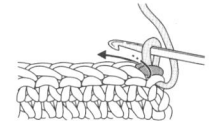 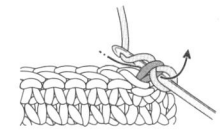 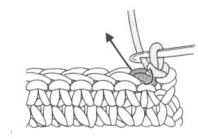 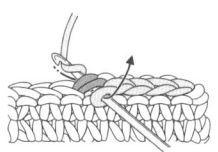

1. 아랫단의 뜨개코 머리에 코바늘을 넣습니다.
2. 실을 걸어서 화살표 방향으로 빼냅니다.
3. 옆 코에 바늘을 넣어 실을 빼냅니다.
4. 3을 반복합니다.

＋ 짧은뜨기

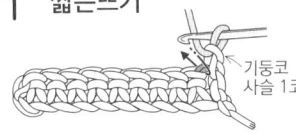 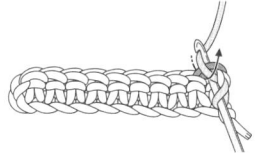 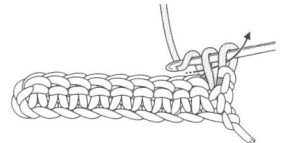 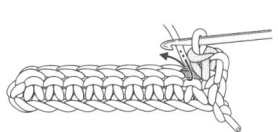

1. 아랫단의 뜨개코 머리에 코바늘을 넣습니다. (기둥코 사슬 1코)
2. 실을 바늘에 걸어서 빼냅니다.
3. 실을 바늘 끝에 걸고 바늘에 걸려 있는 고리 2개를 한 번에 빼냅니다.
4. 짧은뜨기 완성. 1~3을 반복합니다.

┰ 긴뜨기

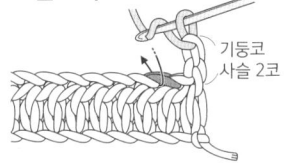 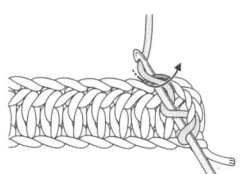 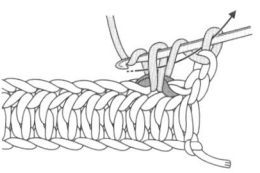 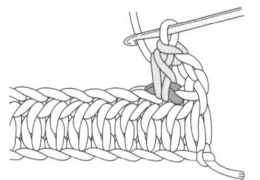

1. 실을 코바늘에 걸어 아랫단의 뜨개코 머리에 바늘을 넣습니다. (기둥코 사슬 2코)
2. 실을 바늘에 걸어서 빼냅니다.
3. 실을 바늘 끝에 걸고 바늘에 걸려 있는 고리 3개를 한 번에 빼냅니다.
4. 긴뜨기 완성. 1~3을 반복합니다.

∧ 짧은뜨기 2코모아뜨기

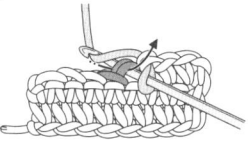 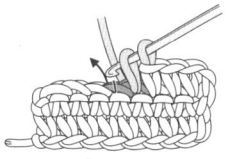 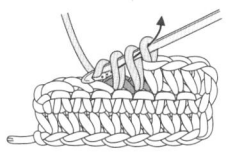 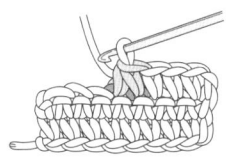

1. 아랫단의 뜨개코에 코바늘을 넣고 실을 빼냅니다(미완성 짧은뜨기).
2. 아랫단의 옆 코에 바늘을 넣고 실을 걸어 빼냅니다(미완성 짧은뜨기).
3. 실을 바늘에 걸고 바늘에 걸려 있는 고리 3개를 한 번에 빼냅니다.
4. 짧은뜨기 2코모아뜨기 완성.

∨ 짧은뜨기 2코늘려뜨기

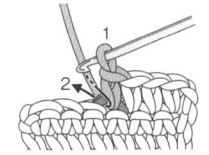 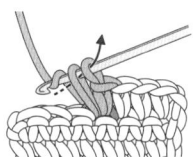 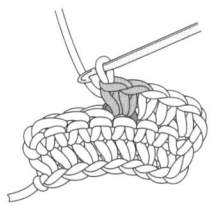

1. 아랫단의 뜨개코에 짧은뜨기 1코를 뜨고 다시 같은 코에 코바늘을 넣습니다.
2. 실을 걸어 빼내고 짧은뜨기를 뜹니다.
3. 아랫단의 1코에 짧은뜨기 2코늘려뜨기 완성.

∨ 짧은뜨기 3코늘려뜨기

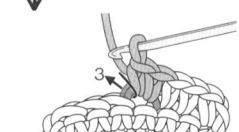 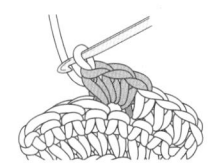

1. 아랫단의 뜨개코에 짧은뜨기 2코를 뜨고 다시 같은 코에 코바늘을 넣습니다.
2. 실을 걸어 빼내고 짧은뜨기를 뜹니다. 아랫단의 1코에 짧은뜨기 3코늘려뜨기 완성.

Basic Technique Guide

┼ 짧은뜨기 이랑뜨기(왕복뜨기할 경우)

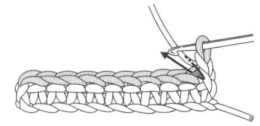 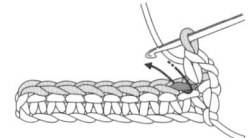 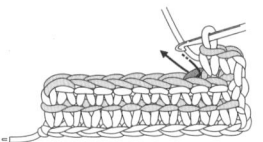 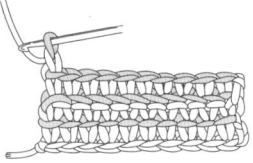

1. 안쪽에서 뜨는 단에서는 아랫단 뜨개코 머리의 앞쪽 반코를 주워 짧은뜨기합니다.
2. 다음 코도 코머리 앞쪽 반코를 주워서 짧은뜨기합니다.
3. 겉쪽에서 뜨는 단에서는 아랫단 뜨개코 머리의 뒤쪽 반코를 주워 짧은뜨기합니다.
4. 겉쪽에서 봤을 때 각 단의 이랑이 겉으로 드러납니다.

⌠ 짧은뜨기 앞걸어뜨기(2단 아래쪽 코를 끌어올리는 경우)

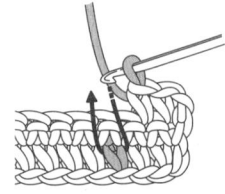 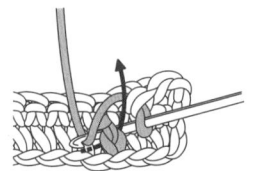 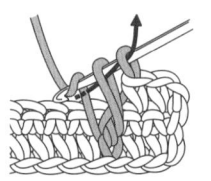 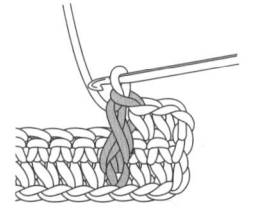

1. 2단 아래쪽 짧은뜨기 코의 다리 전체를 주워서 앞쪽에서 코바늘을 넣습니다.
2. 실을 바늘에 걸고 화살표 방향으로 실을 길게 빼냅니다.
3. 실을 바늘에 걸고 바늘에 걸린 고리 2개를 빼냅니다.
4. 짧은뜨기 앞걸어뜨기 완성.

● 감침질로 잇기

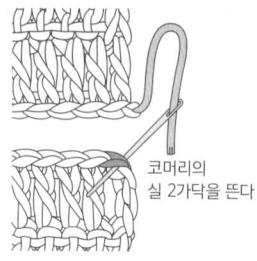 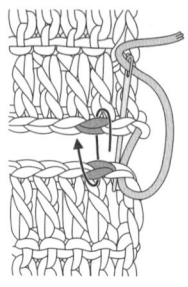 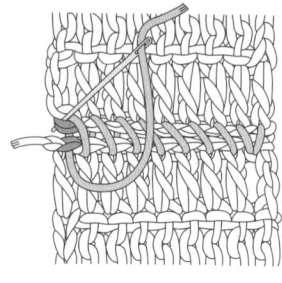

1. 뜨개바탕의 겉쪽을 맞대고 마지막 단의 코머리에 돗바늘을 넣습니다.
2. 늘 같은 방향에서 가장자리의 코를 가르듯이 돗바늘을 넣고 실로 감아 고정시키도록 합니다.
3. 끝부분은 돗바늘을 같은 자리에 한두 번 통과시켜서 고정하고 뜨개바탕의 안쪽에서 실을 처리합니다.

● 감침질로 꿰매기

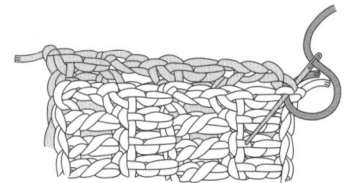 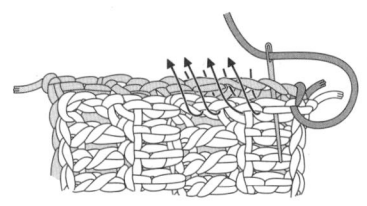 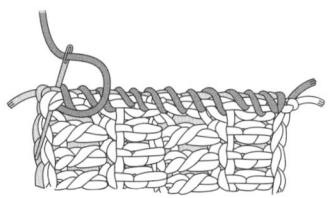

1. 뜨개바탕 두 장을 겉쪽끼리 마주 보게 놓고 시작코의 사슬에 돗바늘을 넣습니다.
2. 늘 같은 방향에서 가장자리의 코를 가르듯이 돗바늘을 넣고 실로 감아 고정시키도록 합니다.
3. 끝부분은 돗바늘을 같은 자리에 한두 번 통과시켜서 고정하고 뜨개바탕의 안쪽에서 실을 처리합니다.

● 빼뜨기로 연결하기

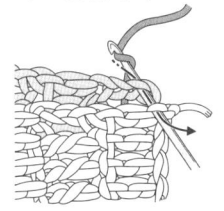 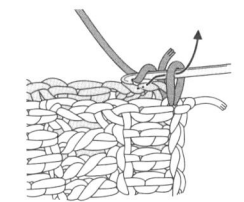 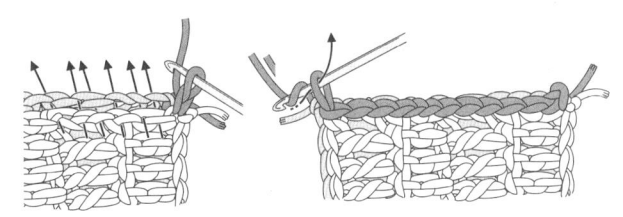

1 뜨개바탕을 겉쪽끼리 마주 보게 놓고 코바늘을 두 장에 같이 넣어 실을 걸어서 빼냅니다.

2 실을 걸어서 빼냅니다.

3 가장자리의 코를 가르듯이 코바늘을 넣어서 실을 빼냅니다. 화살표 위치에 코바늘을 넣습니다.

4 뜨개바탕의 뜨개코에 맞춰서 울거나 느슨해지지 않도록 실을 빼냅니다.

대바늘뜨기

● 사슬뜨기 시작코에서 코를 줍는 방법(p. 90을 참조하여 사슬뜨기합니다)

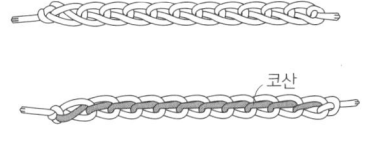  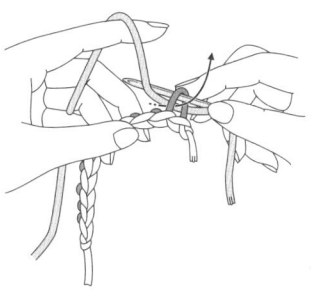 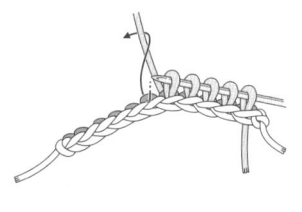

1 사슬뜨기에는 겉쪽과 안쪽이 있습니다. 사슬의 코산을 확인하세요.

2 사슬을 다 뜬 쪽의 코산에 대바늘 끝을 넣어 뜨개실을 빼냅니다. 같은 실을 사용할 경우에는 실을 자르지 않고 그대로 대바늘로 바꿔 코산에서 코를 줍습니다.

3 사슬코 코산에서 1코에 1코씩 코를 빼냅니다. 바늘에 걸린 코가 1단이 됩니다.

● 손가락에 걸어서 만드는 시작코

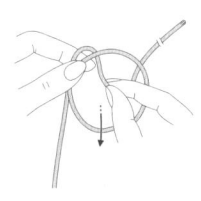 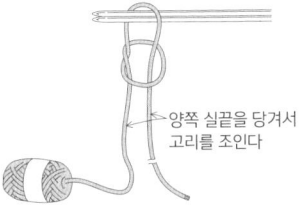 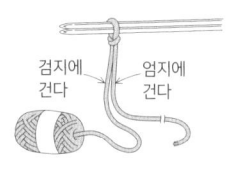 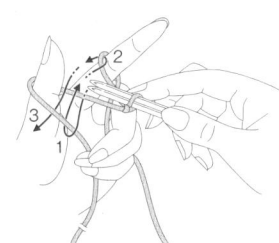

1 실끝에서부터 뜨개질할 너비의 3배 길이인 부분에 고리를 만들고 실을 고리에서 빼냅니다.

2 대바늘 2개를 통과시킨 후 실끝을 당겨서 고리를 조입니다.

3 첫 코가 완성된 모습. 실끝을 왼손가락에 겁니다.

4 바늘 끝을 손가락 끝에서 1, 2, 3의 순서로 움직여 실을 바늘에 겁니다.

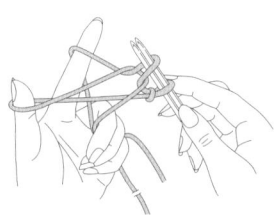 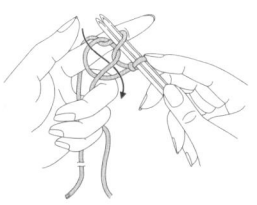 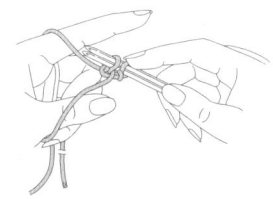 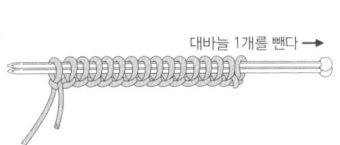

5 엄지에 건 실을 일단 벗겨냅니다.

6 엄지를 화살표 방향대로 움직여서 짧은 쪽의 실을 조입니다.

7 두 번째 코 완성. 4~7을 반복합니다.

8 시작코 완성. 1단이 됩니다. 2단은 바늘 1개를 뺀 후에 뜹니다.

Basic Technique Guide

⏐ 겉뜨기

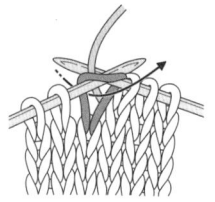 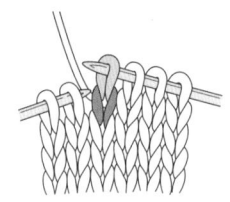

1. 뜨개실을 왼쪽 바늘 뒤쪽에 두고 코 앞쪽에서 오른쪽 바늘을 넣은 후 실을 걸어서 빼냅니다.
2. 겉뜨기 완성.

— 안뜨기

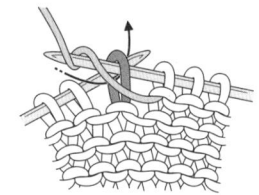

1. 뜨개실을 왼쪽 바늘 앞쪽에 두고 코 뒤쪽에서 오른쪽 바늘을 넣은 후 실을 걸어서 빼냅니다.
2. 안뜨기 완성.

○ 걸기코

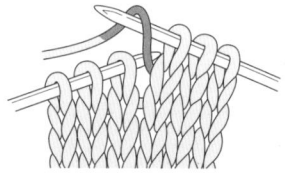 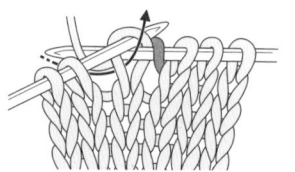 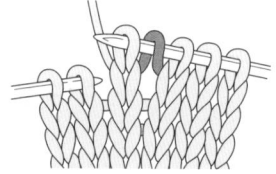 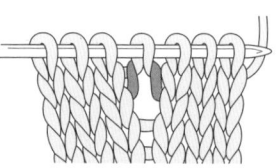

1. 오른쪽 바늘에 실을 앞쪽에서 뒤쪽으로 겁니다.
2. 다음 코를 뜹니다.
3. 걸기코 완성. 1코가 늘어났습니다.
4. 다음 단을 뜨고 겉쪽에서 본 모습.

⟋ 왼코 겹쳐 2코모아뜨기

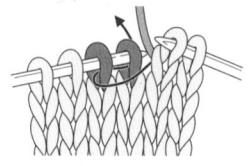 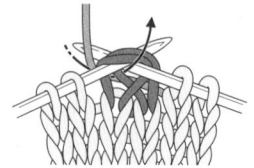 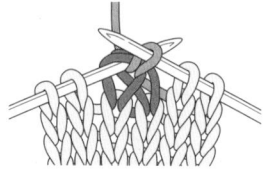 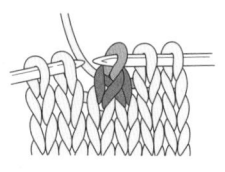

1. 왼쪽 바늘 2코에 화살표와 같이 오른쪽 바늘을 함께 넣습니다.
2. 실을 바늘에 걸어 2코를 함께 겉뜨기로 뜹니다.
3. 오른쪽 바늘로 실을 빼낸 후 왼쪽 바늘에서 코를 벗겨냅니다.
4. 왼코 겹쳐 2코모아뜨기 완성.

∨ 걸러뜨기

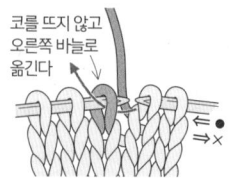 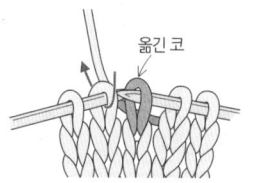 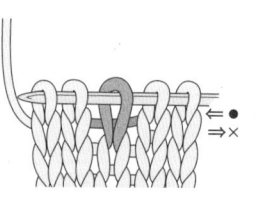 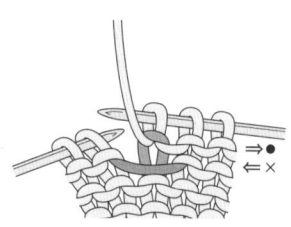

1. 실을 뒤쪽에 둔 후 다음 코를 뜨지 않고 코의 방향을 바꾸지 않은 상태에서 오른쪽 바늘로 옮깁니다.
2. 다음 코를 뜹니다.
3. 걸러뜨기 완성.
4. 다음 단은 기호 도안대로 뜹니다.

⌒ 감아코로 코늘리기

 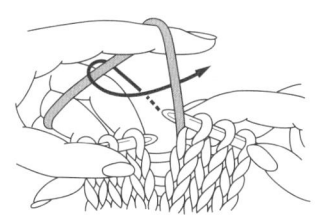 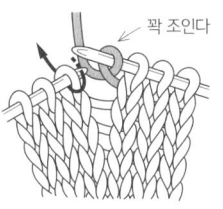 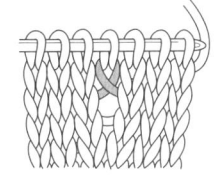

1 실을 손가락으로 감아 고리를 만들어서 바늘에 겁니다.

2 또는 검지에 걸려 있는 실에 화살표와 같이 바늘을 넣어서 손가락을 뺍니다.

3 실을 꽉 조입니다.

4 뜨개코 사이에 감아코 1코가 완성되었습니다.

● 덮어씌워 코막음(오른쪽, 겉뜨기)

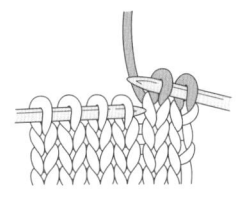 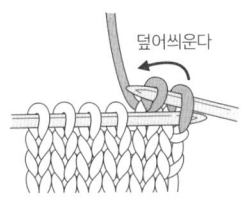 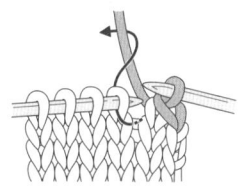

1 가장자리의 2코를 겉뜨기로 뜹니다.

2 첫 번째 코를 두 번째 코에 덮어씌웁니다.

3 다음 겉뜨기를 뜨고 나면 먼저 뜬 코를 덮어씌웁니다. 이 과정을 반복합니다.

● 빼뜨기로 코막음

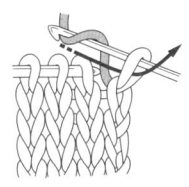 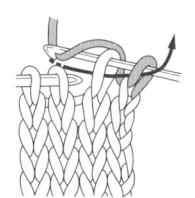 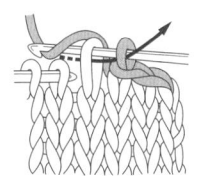 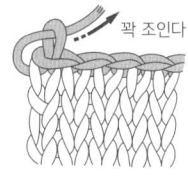

1 가장자리의 1코에 코바늘을 넣고 실을 걸어서 빼냅니다.

2 다음 코에 코바늘을 넣고 실을 걸어서 바늘에 걸린 2코를 한 번에 빼냅니다.

3 **2**를 반복합니다.

4 마지막 코에 실끝을 끼워 넣어서 꽉 조입니다.

● 코를 한 번에 조여서 코막음

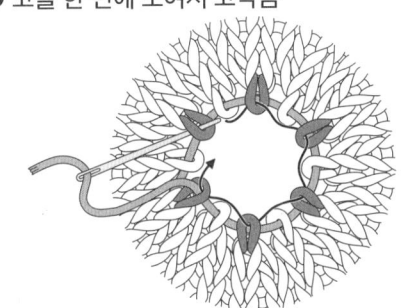

1코 걸러 실을 통과시켜서 두 번에 나눠서 코를 조입니다.

BEYOND THE REEF NO CHICCHANA BAG (NV 70690) by BEYOND THE REEF
Photographers: Keiichi Sutou, Yukari Shirai
Copyright © BEYOND THE REEF /NIHON VOGUE-SHA, 2022
All rights reserved.
Original Japanese edition published by NIHON VOGUE Corp.
Korean translation copyright © 2023 by JIGEUMICHAEK
This Korean edition published by arrangement with NIHON VOGUE Corp., Tokyo, through BC Agency

이 책의 한국어판 저작권은 BC에이전시를 통해 저작권자와 독점 계약을 맺은 지금이책에 있습니다. 저작권법에 의해 한국 내에서 보호를 받는 저작물이므로 무단전재와 복제를 금합니다.

비욘드 더 리프 아틀리에
일본 요코하마시 고호쿠구 히요시혼초 1-24-8-A
영업시간 11:00~17:30(월, 화 정기휴무)
E-mail atelier@beyondthereef.jp
http://beyondthereef.jp

Staff

북디자인	미카미 쇼코(Vaa)
촬영	스토 게이이치 / 시라이 유카리(p. 42~48)
스타일링	이와타 마키코
헤어&메이크업	가와무라 도모코
모델	리카 바네사(Rika Vanessa)
사진 보정	시바타 스미에
작품 디자인, 제작	구스노키 가에
제작 감수	아베 미나코
제작 협력	비욘드 더 리프 공식 손뜨개 및 소잉 작가 일동
만드는 방법, 도안	나카무라 요코(feve et feve)
편집 협력	난바 마리 / 요시에 마미 / 다카야마 게이나 / 쓰지야 에미코
편집 담당	다니야마 아키코 / 소가 게이코 / 후루야마 가오리

소재 제공

주식회사 다이도 포워드 퍼피 사업부
일본 도쿄도 지요다구 소토칸다 3-1-16 다이도 리미티드 빌딩 3F
Tel. 81) 03-3257-7135
http://www.puppyarn.com

메르헨아트 주식회사
일본 도쿄도 스미다구 요코아미 2-10-9
Tel. 81) 03-3623-3760
https://www.marchen-art.co.jp

요코타 주식회사(다루마)
일본 오사카시 주오구 미나미큐호지 2-5-14
Tel. 81) 06-6251-2183
http://www.daruma-ito.co.jp

하마나카 주식회사
일본 교토시 우쿄구 하나조노야부노시타초 2-3
Tel. 81) 075-463-5151
http://www.hamanaka.co.jp

주식회사 모토히로(스키 얀)
일본 도쿄도 주오구 니혼바시하마초 2-38-9
Tel. 81) 03-3663-2151
http://www.skiyarn.com

주식회사 쓰노다쇼텐
일본 도쿄도 다이토구 도리고에 2-14-10
Tel. 81) 03-3863-6615
http://www.tsunodaweb.shop

간다쇼샤 주식회사(간다수예)
일본 도쿄도 주오구 니혼바시 바쿠로초 1-14-10
Tel. 81) 03-3249-3802
http://kanda.o.oo7.jp

닛폰추코 무역 주식회사
일본 오사카시 주오구 미나미큐호지마치 1-9-7
Tel. 81) 06-6271-7907
https://www.nippon-chuko.co.jp/

이니셜 핀 구입처(Lark&Ives)
https://www.papertree.jp

손쉽게 완성하는 감각적인 손뜨개 가방

비욘드 더 리프 미니백

초판 1쇄 인쇄   2023년 4월 20일
초판 1쇄 발행   2023년 4월 25일

| 지은이 | 비욘드 더 리프 |
| 옮긴이 | 김한나 |

펴낸이	최정이
펴낸곳	지금이책
주소	경기도 고양시 일산서구 킨텍스로 410
전화	070-8229-3755
팩스	0303-3130-3753
이메일	now_book@naver.com
블로그	blog.naver.com/now_book
인스타그램	nowbooks_pub
등록	제2015-000174호

ISBN   979-11-88554-66-9 (13590)

* 이 책은 저작권법에 따라 보호를 받는 저작물이므로 무단전재와 무단복제를 금지하며, 이 책 내용의 전부 또는 일부를 이용하려면 반드시 저작권자와 지금이책의 서면 동의를 받아야 합니다.
* 잘못되거나 파손된 책은 구입하신 서점에서 교환해드립니다.
* 책값은 뒤표지에 있습니다.